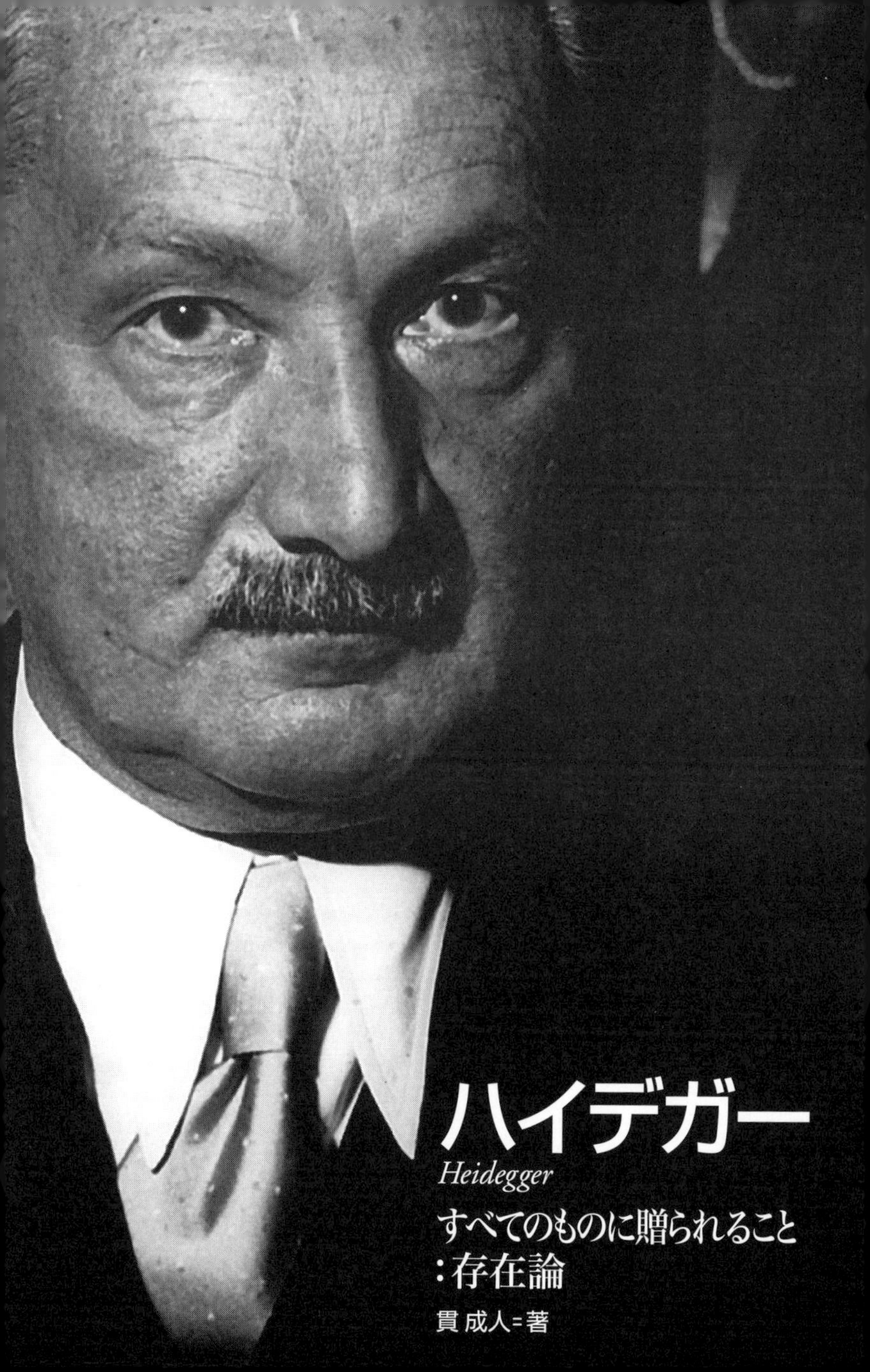

ハイデガー

Heidegger

すべてのものに贈られること:存在論

貫 成人=著

装幀：菊地信義

存在の頼りなさ――はじめに

「花花花花花花花花花花花花花花花花花花花花花花花花花花花花花花花花花花花」

同じ字を繰り返し見ていると、はじめ、馴染み深く意味のあった漢字が、やがてその意味を失い、ひどく奇妙な、見慣れないものに変わってしまう。リアルなものだった文字が、急に、非現実なものに感じられるのだ。

こうした非現実感が嵩じると、いわゆる「離人症」になる。自分を取り巻く世界の現実感が失われ、世界と自分とのあいだに膜でもあるように感じられる。他人の声が、ひどく遠くから聞こえる。自分が存在する実感が失われ、自分が生きている感じがしない。さらには、自分が自分の体外に出て、他人をながめるように自分をながめているような気分にすらなるという。

その感覚を文学的、哲学的に表現したのが、ジャン・ポール・サルトルの『嘔吐』

である。主人公であるロカンタンは、あるときから周囲のものや知人、記憶などあらゆるものについて嘔吐感と嫌悪感をいだくようになる。かれは半ば狂気のような自己嫌悪に駆られていった。世界も自分も、かれにとってはもはや以前のように親密なものではない。非現実感の極みである。そのかれは、あるとき公園で、地面から掘り起こされた栗の木の根元から目が離せなくなる。かれが嫌悪していたのは、存在するものが「恋人」「愛人」「人間」「紙」「石」といった性質をもち、名前をもつことだった。大小の毛根が絡み合った、不定形でとらえがたい木の根を見て、かれは性質や、それを名指す語とは無関係の「存在そのもの」に出会うことができたのだった。

サルトルは、ハイデガー（一八八九—一九七六）の影響のもとに、独自の哲学を展開し、それは「実存主義」とよばれて、一九五〇年代には欧米や日本など世界中で若者の心をとらえた思想となった。そのサルトルにたいするハイデガーの評価は微妙だが（本書第三章参照）、いずれにしても、ハイデガーがその哲学の基礎をつくった一九〇〇年代のドイツなどヨーロッパ諸国において、とりわけ若い青年のあいだに蔓延していたのも、現実感の喪失をどうにかして埋め合わせてくれるような思想、哲学への渇望だった。世紀末とは、一九世紀の終わりから二〇世紀のはじめ（一九三〇年頃）までの五〇年間ほどを指すが、その世紀末、後進国ドイツにおいては、一九世紀末以来の急激な近代化・都市化・工業化によってひとびとの心の故郷が失われつつあった。こうした状況で、ひとびと、とりわけ青年たちが非現実感に悩むのはある意味、とうぜんのことである。そして、そこにあらわれたのがハイデガーの『存在と時間』だった。それは一躍、かれの名をヨーロッパ中に知らしめることになる。

とはいえ、青年が現実の実感を失い、居場所のない気持ちに襲われるのは、なにも世紀末ドイツに限らない。昨今のわが国でも、こうした若者の心理については喋々されるし、それどころか古今東西、よほど幸福な時代、地域を除けば、若者に普遍的な心理でもある。そして、ハイデガーの哲学はなにも、悩める若者にリアリティを取り戻すためだけのものではない。それは、プラトンやアリストテレス、あるいはそれ以前のアナクシマンドロス、ヘラクレイトスといった古代ギリシアから、デカルトやライプニッツ、カントなどをへて二〇世紀にいたるヨーロッパ哲学において、問い残されていた問題、すなわち「存在の意味への問い」に取り組むためのものであった。

それでは、「存在の意味への問い」とはどのような「問い」なのだろう。

[目次]

第一章　存在への問い

たとえば、「三億円強奪事件の犯人を特定する決定的証拠が存在する」「徳川埋蔵金は存在する」「宇宙に地球人以外の知的生命体は存在する」といったことが、ときどき話題になる。このように大仰な事柄でなくても、自分の欲しいものを買う予算があるかどうか、自分のパートナーになってくれる人がいるかどうか、など、なにものかの存在が問題になることは、ふつうによくあることだ。

ところで、このような場合にわれわれがふつう、問題にする事柄として、とりあえずふたつを区別することができる。

ひとつは、そこで存在する、しないと言われているものが、じつはなん「である」のか、ということだ。迷宮入りした大事件の犯人特定の証拠といっても、それはなんなのか、現金輸送車に付着していた毛根のＤＮＡ鑑定結果なのか、だれかの指紋なのか、また、それがそもそもほんとうにこれまでまったく見当もつかなかった犯人を捜し出すに足りるだけの決定力をもっているのか。そのようなことはだれでも気になるし、同じことは、埋蔵金や地球外生命についても言える。

もう一つは、なにかが存在すると言われるとき、ほんとうに、そのもの「がある」のかどうかということだ。難事件解決の鍵や埋蔵金、地球外生命体などについては、これまでも「存在する」と何度も言われたが、そのたびに期待は裏切られてきた。埋蔵金や地球外生物の場合には、そもそもなにをもって「存在する」と言えるのか、どんな証拠や規準があればその存在を認めることができるのかも、じつは定かではない。埋蔵金の場所を示す古文書、地球外生命を撮影したと称される写真などはたいてい偽物だ。何ものかについて、ほんとうにそれ「がある」のか、また、それ「がある」と言えるためにはどのような規準や証拠があればいいのかが、こうして問われることになる。

こうして、何ものかについて、それがなん「である」のか、またほんとうにそれ「がある」のか、というふたつの問題を区別することができる。このような区別はヨーロッパ哲学においても早くから問題になっていた。「本質」と「存在」の区別である。

1　伝統的ヨーロッパ哲学における「本質」と「存在」

（1）「本質」「偶有性」

ペットボトルとはなん「である」のか、といえば、「ポリエチレンテレフタラート製の容器」である。世の中に数多あるペットボトルは、それぞれ、さまざまな大きさや形をもち、さまざまに着色されているかもしれない。けれども、そのすべてはポリエチレンテレフタラートという化学合成品でできており、いくら見た目は似ていたとしても、ガラスやビニール製の容器はペットボトルではない。逆に、どんなに奇異な形や大きさ、色のものでもポリエチレンテレフタラート製の容器はすべてペットボトルである。すなわち、「ポリエチレンテレフタラート製の容器である」ということは、ペットボトルがペットボトルであるために、かならず備えていなければならない性質であり、この性質さえ備えておればどんな容器もペットボトルであり、逆に、この性質を備えていないものはどんなによく似ていてもペットボトルではない。このように、あるものPがPであるためにかならず備えていなければならない性質のことを、ヨーロッパ哲学では「本質」とよんだ。

ちなみに、それぞれのペットボトルの色や形、大きさなどは、「たまたま」、「偶然に」、そのペットボトルが備えている（「有している」）性質、という意味で「偶有性」とよぶ。ペットボトルについて、色や形、大きさなどの偶有性は、ペットボトルごとにさまざまであってかまわないけれども、ポリエチレンテレフタラート製の容器という性質は、どんなペットボトルにも共有された本質である。

（2）「存在」

ところで、ペットボトルについて、こうして「ポリエチレンテレフタラート製の容器」という本質がさだまったとしても、だからといって、そのような本質を備えたものが現実に存在しているとは限らない。じっさい、ペットボトルというものが普及したのは、ここ一〇年ほどのことであった。ことによればすでに三〇年前には、化学工業関係者のあいだにポリエチレンテレフタラートで作られた容器というアイディアはあったのかもしれないが、それが市場に出回ることはなかった。すなわち、なにものかの本質がさだまっているということと、そのような本質を備えたものが「存在」しているということは別である。ペットボトルについて、この区別はいまひとつピンと来ないかもしれないので、もうすこしリアルな例をあげておこう。

「三角形」は、「三本の線分でかこまれた図形」という「本質」をもつが、それは現実には「存在」しない。板を三角形の形に切ることはできるし、紙の上に鉛筆で三角形を作図することはできる。だが、こうしてできたものは、ほんとうの三角形ではない。三角形に切られた板の各辺は、厳密に言えば、けっしてほんとうの直線ではなく、かならず曲がっている。厳密な意味での線分は幅をもたないが、作図された三角形の各辺は、いくらわずかとはいえ、かならず幅をもつ。したがって、三角形については、その「本質」はさだまっているが、「存在」はしていない。

同じようなことは、「最大の素数」についても言えるし、あるいは、「かぐや姫」や「鬼」のような想像上の人物、生き物についても言える。いずれも、それがなん「である」かは、はっきりしているけれども、それ「がある」とは言えないのである。

本質と存在の区別は、かならずしも日本語として馴染み深いものとは言えない。もともとのヨーロッパ語、たとえば英語において、この区別はbe動詞の用法として区別された。

「これはペットボトルだ（This is a PET-bottle）」というとき、be動詞は「これ」の性質、本質を表し、「そこにペットボトルがある（There is a PET-bottle over there）」という場合には、ペットボトルがそこにあること、存在を表している。この区別を日本語で、少しでも噛みくだいて表現するために、本質を「である存在」、存在を「がある存在」と言い換えることもある。本質とは、それがなん「である」かの問題であり、存在とは、それ「がある」かどうかの問題だからだ。である「存在」、がある「存在」と、いずれについても「存在」と言われるのは、それが英語のbe動詞という、基本的には存在を表す動詞の二つの用法の区別であることを表現するためである。

2　ハイデガーの問い

「本質」と「存在」の区別は、古来、ヨーロッパ哲学においてふつうのものだった。ところが、それでは肝心なことが問われずじまいになってしまうとハイデガーは言う。

われわれはふつうに、「ペットボトルが冷蔵庫にある」「東京タワーは芝公園にある」「富士山頂には雪がある」と述べる。このとき、「なにがあるのか」「それがどこにあるのか」といったことは問題にするが、しかし、そもそもなにものかが「ある」とはどのような意味なのか、だれも考えたことはない、と言うのである。

(1)「ある」とはどういうことか

なるほど、われわれは、そこに「なにが」あるのかは問題にする。冷蔵庫にあるのはペットボトルであって、シャンデリアではない。芝公園にあるのは東京タワーであって、エンパイアステートビルではない。だが、そのように述べるときに問題になっているのは、冷蔵庫や芝公園に「存在しているもの」がなにか、ということである。

「存在しているもの」のことをハイデガーは「存在者」という。それにたいして、「ある」とはどのような意味なのかという問いにおいて問題になっているのは、ペットボトルであろうが、東京タワーであろうが、存在しているもの、すなわち存在者が、そもそも「ある」「存在している」とはどのようなことなのか、ということだ。存在者は、東京タワーや、ペットボトルなど、さまざまだ。東京タワーは世界にひとつしかないけれども、ペットボトルは都内だけでも無数にあるだろう。存在者は、無数にあり、その種類もさまざまだ。そのすべてに共通している、「存在している」とはどういうことなのかが、ハイデガーにとっては問題なのだ。

ここで、「東京タワーが存在しているというのは、その名でよばれる、鉄骨でできた建造物が芝公園にある、ということだ」と言いたくなるかもしれない。あるいは、「冷蔵庫にペットボトルがあるというのは、ガラスでもプラスティックでもないものでできている容器がそこにあるということだ」と言いたくなるかもしれない。だが、なにものかが鉄骨製建造物であるかどうか、それがポリエチレンテレフタラートでできているかどうかは、その存在者の構造や性質、材質の問題である。これは、先に区別した「本質」と「存在」のうち、広い意味での「本質」もしくは「性質」にかんする問題である。それは、その本質とは区別される存在とも、まして、存在の意味ともかかわらない。

一方、ガラス瓶ではなくてほんとうにペットボトルがあるのかどうかを確かめるために、しかるべき化学検査をおこない、それが確かめられたとしよう。「しかるべき反応がえられたのだから、これはペットボトルに違いない」というわけである。だが、そこで手に入ったのは、ペットボトルが存在していることの証拠でしかない。それは、そのものが存在していると言えるための条件ではあっても、それが存在しているということの意味ではない。

ペットボトルについて、その本質が何かを語っても（これはプラトンのやり方だ）、それが、どのような素材でできており、どうしてできあがり、どんな目的のために用いられるのかを語っても（これはアリストテレスの考えである）、あるいは、それがペットボトルといえる十分な証拠があると言いつのっても（これはデカルトの方法だ）、結局、ペットボトルという存在者の仕組みについて語り、それが存在していると言えるための条件を語っているだけであり、その存在者が存在しているとはどういう意味なのかを語ることにはならない。そして、ハイデガーが問題にしたのは、まさにこの、存在者の存在の意味なのである。

（2）「存在の意味」への問い

ところで、ここまで本書につきあっていただいた読者は、そろそろ苛々《いらいら》してこられた頃かもしれない。ハイデガーはなにを言いたいのか、こうではない、ああでもない、とかれは言うばかりだ。そもそもハイデガーは何を問題にしたいのかもわからない。

ひとは、それぞれの存在者がなんなのか、それが存在しているのか否かはつねに問題にする。それは、日常においても哲学においても同様だ。ところが、ハイデガーは、その存在者の「存在」とはそもそも何かを問題にする。この問いに答えるには、ある存在者が「存在しているか否か」ではなく、およそ「存在しているとはかくかくということだ」と答えなければならない。これは、通常の考え方とも、あるいは、ヨーロッパ哲学の伝統とも異なった問いだ。それはだれも問題にしたことのない事柄であり、それゆえ、それについてどう考えていいかはわからないのが、当たり前である。そして、それを問題にしているハイデガーそのひとにも、答えが用意されているわけではなかった。

だがそうはいっても、さまざまな存在者が存在しているということは、われわれにとってもっとも身近な事柄でもある。机や石や電車や建物、山岳、太陽、そして、われわれ人間もみな存在している。それは、中世や近世のヨーロッパ哲学者が問題にした「神」のように、われわれから遠く隔たった、不可知の存在でも、物理学や天文学のような近代自然科学の言う「クオーク」や「ブラックホール」のような理解しづらいものでもない。われわれは存在に取り囲まれているし、われわれ自身もまた存在している。ところが、このある意味、もっとも身近なものについて、それがどのようなことなのかを言葉で説明しようとすると、われわれは窮地に陥ってしまう。えも言われぬ隔靴《かっか》掻痒《そうよう》感をおぼえるのである。

「存在者の存在」について考えようとすると、わかっているようなのにわからない隔靴掻痒感をおぼえる。だが、それでいいのである。あるいはむしろ、それこそがハイデガーのねらいだったとも言える。

どうにも答えの見つからない問いに答えようとするとき、とにかくありとあらゆる考え方を試してみなければならない。それを追求するなかで、これまで世界や存在者、人間、あるいは存在について過去の哲学者たちが考え、常識化しているものがじつは誤りであることが判明してゆく。「存在の意味」への問いは、こうして批判機能をもつことになる。

そしてなにより、存在者の存在は、われわれを取り巻き、われわれ自身にかかわることである。それを明らかにすることは、結局、われわれひとりひとりの「居場所」を見いだすことになる。だが、その道程は、長くて険しいものだった。

第二章　非本来性：日常において見失われる自分

「存在の意味」を問うといっても、そんなことについては、長い人類の歴史のなかでもだれも手をつけていなかったのだから、手がかりも地図も何もない。どこから手をつけていいかもわからない。ハイデガーも途方に暮れてしまう。

かれの最初の著作『存在と時間』（一九二七年）は、「存在者の存在の意味」を真っ向から問題にしたものである。そこでハイデガーが、まず取りかかったのは、われわれ自身の存在のあり方を解明することだった。われわれ自身の存在は、「存在の意味」を考えるわれわれにとって最も身近であり、それどころか自分自身だ。しかも、なんだかんだいっても、われわれはだれでも自分の存在、あるいは生存にはつねに気を配っているからである。

1 「現存在」

われわれは、「存在者の存在の意味」や、自分自身の「存在の意味」についてあれこれ考えるとき、すでに現実に生きてここにいる。というより、生まれて育ち、いま、ここにいるのでなければ、ものを考えることはできない。こうして、気づいたらすでに現実に存在しているのがわれわれだ。これをハイデガーは「現存在（Dasein）」とよぶ。ハイデガーは、また、現実に存在しているわれわれのことを「実存（Existenz）」ともよぶ。この「実存」という言い方は、のちにフランスのサルトルも採用し、第二次世界大戦後には「実存主義」が欧米や日本においておおいに流行することになった。そのもとはハイデガーの用語にある。

現存在、もしくは実存というのは、とりあえず、現実に存在しているものということなのだから、われわれは、好むと好まざるとにかかわらず、だれでも現存在であり、実存である。ところがこの現存在もしくは実存のあり方には大きく二種類があると、ハイデガーは言う。ひとつはその「本来の」あり方であり、もうひとつは、本来のあり方を見失った

「非本来的な」あり方だ。前者を、現存在（実存）の「本来性」、後者を「非本来性」とよぶ。「非本来的」なあり方とはずいぶんな言い方だが、現存在であるわれわれの日常はおしなべて、この非本来性であるとハイデガーは言うのである。

だが、それではなぜ、われわれの日常は「非本来的」と言われなければならないのか、また、それにたいして「本来の」あり方とはどのようなものなのだろう。

（1）「道具連関」

日常のわれわれは、現存在の非本来的なあり方だとハイデガーは言う。それでは、日常の現存在とはどのようなものなのだろう。

ハイデガーによれば、われわれの日常とは、いつでもどこでもなにをしていても、かならずなんらかの道具を用いて何かをすることからなる。

われわれは、包丁で肉や魚、野菜を切り、それを鍋で煮たり焼いたりしたものを皿に盛って、食卓でたべる。ドイツ人には、自分の家を自分自身の手で建てることを夢にしている男性が多いが、ハイデガーのお好みの例も家を建てる場面だ。すなわちひとは、ノコギりで板を切り、金鎚でそれに釘を打ち、柱や壁、屋根として、一軒の家を建てる。こうしたローテクの世界に限らず、テレビ番組を作ったり、自動車を製造したりするためにも膨大な機材や装置を使わなければならないし、機材や装置とは広い意味での道具にほかならない。

とりたてて、何かを作るというわけでなくても、われわれが道具を用いていることに変わりはない。われわれは布団で睡眠をとり、歯ブラシや石けんで洗顔をし、歩くときには衣服をまとい、靴を履いている。移動には電車や自動車を用い、ひとと連絡を取るのに電話やインターネットを使う。これはすべて道具である。

また、道具は、通常考えられるように人工物とは限らない。農業事業者は、畑や水田、太陽光をもちい、漁業従事者は肥沃な海や、帆をふくらませる風を、それぞれ生産活動の道具としている。

こうして、われわれのいかなる活動、生活も道具なしには成立しない。その道具について、ハイデガーはいくつかの重要な特質を指摘している。

まず、われわれの活動や生活は道具なしには成り立たないが、その際に用いられる道具はどれも、けっして単独では機能しない。包丁、まな板、鍋、フライパン、皿などの調理用具、ノコギリ、金鎚、釘、鉋などの大工道具など、すべてが相互に関連しあっている。しかも、それぞれは、ただ「調理用具」「大工道具」などと一括され、関連しあっているだけではない。まな板は包丁を思う存分使うため、包丁で食材を切るのは鍋やフライパンで火を通しやすくするため、鍋やフライパンは、食材が消化しやすくなり、味がしみこむため、といった仕方で、それぞれの道具は、それぞれ他の道具での作業を行うことを目的とし、それが達成されるための手段として役立っている。それは大工道具の場合にも変わらない。すなわち、道具は、それぞれ一定の、目的と手段のネットワークに属している。この目的と手段のネットワークのことを「目的–手段–連関」とよぶ。

「目的–手段–連関」は、それぞれ、調理や大工仕事、テレビ番組制作、洗顔など、いくつかの系列にわかれ、場合によっては、フライパンで釘を打ち込んだりするように、ある系列に属するものが、別の系列の「目的–手段–連関」に組み込まれることもあるだろう。いずれにしても、道具が「目的–手段–連関」のネットワークに組み込まれていることに変わりはない。こうしたネットワークのことをハイデガーはまた、「道具連関」とよぶ。

第二に、道具を用いてなにかを行っているとき、われわれは各道具をしげしげと観察したり、それに注意を払ったりすることはない。パソコンで文章を書いているとき、われわれが注意を向けているのは、書いている途中の文章であり、あるいは文章にしなければならない情報や自分の考えである。パソコン本体やそのワープロソフト、キーボードに注意を向けている状態、あるいは注意を向けなければならない状況では、遅滞なく作業を進めることはできない。逆に、こうした道具に注意を向けなければならないのは、道具がうまく機能しなかったり、壊れてしまったりした場合だ。そのときわれわれは、文章を書く作業を一時中断して、ワープロソフトの設定を見直したり、キーボードを修理しようとしたりするだろう。通常、注意の対象にならない道具は、それが機能しなくなったときに、注意の対象となる。もちろん、注意の対象にならないからといって、作業の過程で、道具がまったく意識されていないわけではない。文字を打ち込むという目的のために、指をどう動かせばいいのか、それがどのように接続されて画面上の文字になるのかを、われわれは、作業のさなかにいちいち考えをめぐらせるまでもなく、承知し、目配りはしている。この目配りのことをハイデガーは、「配視（Umsicht）」とよぶ。

（2）「世界」

第三に、さまざまな道具がそれぞれの道具連関を作り、さまざまな道具連関がいわば併存し、絡み合っている全体を、ハイデガーは「世界」とよぶ。

通常「世界」と言うと、「世界平和」のように、日本だけでなく各国や各地域をカバーした全体のことを指すが、哲学において「世界」といった場合には、人でも物でも地形や天体でも、存在するもの一切をふくみ、それぞれが存在する場所の全体を指す。そのような全体は、道具連関の総体として存在するとハイデガーは言うのである。

しかも、われわれ、現存在は世界のなかにおいてしか存在しえない。ハイデガーは、現存在は世界のなかにあるが、それは水がコップのなかにあるのとはわけがちがうと言う。コップの水は、いまはたしかにコップのなかにあるかもしれないが、その前は、水道のなかを流れていたかもしれず、また、やがてコップからでてわたしの口に消えるだろう。水は、いまたまたまコップのなかにあるにすぎない。水にとって、コップのなかにあることは偶然的、暫定的なことにすぎず、コップ以外の場所にあることもでき、むしろその時間の方が長い。

だが、現存在はそうではない。われわれは、気づいたときにはすでに現実に存在していたが、それは同時に、道具連関としての世界のなかにおける存在である。現存在は、生まれてから死ぬときまで道具連関のなかにいる。しかも、現存在は、こうして道具連関としての世界のなかに存在する以前に、どこか世界とは異なる場所に存在していたわけではないし、また、いつかは世界の外部に存在するようになるわけでもない。世界のなかに存在するより他のあり方を、現存在はとれないのである。それゆえ、ハイデガーは、現存在のことを「世界–内–存在（In-der-Welt-Sein）」とよぶ。

われわれのことを「現存在」「世界–内–存在」としてとらえるやり方は、ごく当たり前のことにすぎないと見えるかもしれない。だが、ハイデガーのこの考えは、伝統的なヨーロッパ哲学、とりわけデカルト以来のそれにたいする強烈なアンチテーゼなのである。

（3）デカルト主義の大略

ハイデガーの考えはデカルトにたいするアンチテーゼだが、そのポイントを把握するために、まず、デカルトの考えを簡単におさらいしておこう。

デカルトは、「われ思う、ゆえにわれあり（わたしは考えている、ゆえにわたしは存在する）」と述べた。

これは、自分自身の存在以外のどんなものについても、疑いをいれる余地はあり、したがって絶対確実とは言えないが、ひとりわたし自身についてのみは、疑う余地がなく、したがって絶対確実であることを、まず、意味する。

すなわち、わたしが自分のまわりに見いだす机や建物、山や天体などについては、それがありありと見えているのだから、確かだと、通常は考えられる。けれども、デカルトによれば、われわれは夢を見ているときでも、さまざまなものをありありと見聞している。夢を見ているとき、それらの存在は疑いなく確かと思われており、それが夢と判明するのは、目が覚めたときである。もしそうとすれば、いま、自分がここにいて（本書を読んでおられる）といかにリアルに感じていても、一瞬後には目が覚めて、じつはすべてが夢であったと判明する可能性を排除することはできない。こうして、デカルトは、諸物の存在を疑いうるものとする。

それにたいして、いま自分が考えていることについては、話しがちがう。自分が考えているのは夢かもしれない、と疑い、その結果、「自分が考えていること」は疑いうるとしても、「それは夢かもしれない」と疑っている事実は残るからだ。こうして、自分が考えていることは疑いえない確実な事柄となる。

とはいえ、いくら疑いえない確実な事柄といっても、自分の存在だけでは何もはじまらない。そこで、デカルトは、いったん不確実とした事柄を復活させていく。すなわち、机や建物、山や天体は、わたしがそれを見て、明らかにそこにあると確かめることができるから、やはりたしかに存在する、と言うのである。

デカルトの議論は、堂々巡りした挙げ句に「元の木阿弥」になっているかに見える。だが、じつは、ここでヨーロッパ哲学の大転換とでも言うべき事態が生じている。

すなわち、さまざまなものの存在を疑う以前において、デカルト自身は、両親をはじめとするさまざまなものや人の「おかげで」この世に生をうけ、存在しており、世界の「なかに」存在し、とうぜん、世界が存在した「後に」デカルトは生まれた。ところが、さまざまなものを疑い、最後に「われ思う」のみが絶対確実であるとされた後では、このすべてに関して逆転が生じている。デカルトの「わたし」は、ほかのすべてが不確実とされても、それ自体で確実とされるものであった。それゆえ、「わたし」は、世界がなくても存在しうる。そして、さまざまなものがやはりたしかに存在するとされるのは、わたしがその存在を確かめたからなのだ。したがって、さまざまなもの、ひいては世界が存在するのは、わたしがそれを確かめたことの「おかげ」であり、それを確かめているわたしは、世界が確実とされる「以前に」存在しており、したがって、「わたし」は、世界の「そとに」いる。

デカルトがさまざまな事柄を疑う以前には、世界のおかげでわたしが存在したが、以後においては、わたしのおかげで世界が存在する。以前には、世界のなかに、また世界の後にわたしが存在したが、以後においては、世界の外に、また世界に先立ってわたしが存在する。

こうして成立するのが「主観（subjectum）／客観（objectum）」図式である。すなわち、わたしは、世界全体が存在するための基礎であり、それゆえすべての「基礎に（sub-）」「ある（-jectum）」。諸物や世界は、そのわたしに「たいして（ob-）」ある。

すべてに先立って自我が存在し、諸物や世界は、自我によって認識対象となるという「主観／客観」図式は、その後、ロックをはじめとするイギリス経験論、カント、あるいはその後のドイツ観念論などに引き継がれ、ヨーロッパ哲学の基本となる。そのデカルト主義をハイデガーは覆そうというのである。

（4）　ハイデガーのデカルト批判

ハイデガーとの対比において、デカルトについて抑えておかなければならないポイントは二つある。第一に、デカルトが疑いえない確実な事柄としている「われ思う」は、すべてに先立って、世界の外部に存在するものだった。第二に、その世界や、世界のなかにあるとされる諸物は、自我の認識行為、確認作業の対象である。

これに対して、ハイデガーの考えは以下のようなものだ。

第一に、現存在は世界‐内‐存在である。

ハイデガーの現存在は、デカルトの自我にほぼ対応する。現存在は、道具連関において活動することによって、またそのことにおいてのみ存在する。現存在は、気づいたときにはつねにすでに存在しているが、それが存在していたのは道具連関のなかである。それゆえ現存在は、世界‐内‐存在なのだった。現存在にとっては、世界の外部にいるということ自体ありえず、道具連関すなわち世界なしには存在しえないのである。

このことを表現するのが、現存在のもうひとつの名称である「実存」だ。「実存」の原語「Existenz」は、「外へ」という運動を表す接頭辞「Ex-」と、「存在するもの」をあらわす「-istenz」からなる。この場合、「外へ」とは、それ自身の「外」ということだ。すなわち、実存とは、「自分自身の外へとむかうことによって、またむかうことにおいて存在するもの」を意味し、そのためこれを「脱自」と訳すこともある。現存在は、道具連関とかかわり、道具連関へとむかうことによって存在するがゆえに、実存、脱自である。

第二に、道具連関や、そのなかの個々の道具は、現存在にとっては注意や認識、確認作業の対象ではない。すでに述べたように、道具は、それが用いられているときには現存在にとっての注意や凝視の対象にはならず、それが注意の対象になるのは、道具が壊れたり機能不全に陥ったりしたときだけなのであった。われわれにとっては、道具を用いてなにかを達成し、実現するという実践行為こそが基本であり、デカルトが考えるような、物や世界がほんとうに存在しているかどうかを確かめる認識や確認作業は、人間の活動全体から見れば、じつはごく例外的で、稀にしかおこなわれないことなのである。デカルトは、すべての基本として、認識する自我をおき、その認識によって確認されることにおいて世界が存在するという構図を考えた。だが、こうした「主観／客観図式」において描かれるような事態は、人間一般の活動から見ればごく例外にすぎない。デカルトは、例外的な状況によって、人間一般を説明しようとしたのであり、これは不当な普遍化の誤りにほかならない。

われわれのまわりには、机や椅子、パソコン、自動改札機などさまざまなものがある。これをデカルトのように、それがほんとうに存在しているのかどうかといった視線でながめた場合、それぞれの存在者は「事物存在」になるとハイデガーは言う。ところが、椅子に座って机の上のパソコンを叩く場合、電車に乗るために急いで改札を通過する場合、机や椅子、パソコン、自動改札機は、そのつど注意の対象とはなっておらず、ひとえにそのつどの作業をこなす際の道具でしかない。これを「道具存在」とハイデガーは言う。

伝統的に、人間の追求すべき価値として「真・善・美」の三つがあげられる。認識活動や学問的探求は正しい認識や知識、すなわち「真」を追求し、他人との関係など道徳的倫理的実践においては、行為や人格が善いこと、すなわち「善」が価値となり、芸術活動などにおいては「美」が求められる。カントは、この三つの価値をそれぞれ別個にあつかい、『純粋理性批判』においては「真」、『実践理性批判』においては「善」、そして『判断力批判』においては「美」を問題にしたのであった。デカルトは、認識の「真」をベースにして、すべてを把握しようとした。それに対して、『存在と時間』におけるハイデガーは、むしろ実践や行為を基礎においたことになる。

日常のわれわれが、規則正しい生活や定時の出勤、登校、他人との関係や職業、家族との関係など、一生のほとんどを道徳的実践的活動に費やしており、純粋な認識活動をおこなうのは、「浮世離れ」した学者や科学者くらいのものであることを考えれば、ハイデガーのやり方はとうぜんとも言える。だが、もちろんハイデガーが考えているのは、認識と実践とのあいだの消費時間における違いではない。そもそもハイデガーにとって問題だったのは、「存在者の存在の意味」であり、それを明らかにするための手がかりとして現存在に注目したのであった。「現存在の存在」の意味がわかれば、存在一般の意味にも一歩近づいたことになる。ハイデガーが、従来使われてきた「自我」「人間」といった言葉を用いず、現存在という見慣れない言葉を使ってわれわれのことを指すのも、それによって、われわれが「つねにすでに現実存在している」ということを際立たせて、存在の意味の探求の道が誤らないようにするためであった。そして、われわれの実践的行為においては、認識行為よりもはるかに、現存在の存在が密かに問題になっている。それはどのようにしてのことなのだろう。

2 「世界-内-存在」のあり方

（1） 道具連関の最終目的

現存在はつねに世界-内-存在であった。世界-内-存在とは、道具連関としての世界において、道具を用いてさまざまな実践に従事する存在だ。道具連関は、それぞれ「目的-手段-連関」をなしていた。

まな板のうえで食材を包丁で切るのは、鍋で煮るのに火の通りが言いようにするため、鍋で煮るのは食材に火を通して味をしみこませるため、などが調理における目的-手段-連関であり、柱を立てるのは、壁や天井、屋根を支えるため、壁や屋根は、日光や雨風、外部の物の侵入を防ぐため、というのが大工仕事の目的-手段-連関だ。だが、調理や大工仕事の目的-手段-連関はこれで尽きるわけではない。すなわち、じゅうぶん火がとおり、味付けがなされた料理を作るのは、それを作っている現存在自身が、その料理を食べるためであり、また、雨風をしのぐ住居を作るのも、それを作っている現存在自身が安全で快適な生活を送るためである。同じことは、パソコンで原稿を書く場合、狩猟農耕、あるいは日々の暮らしにも言える。すなわち、道具連関の目的–手段–連関は、つねに現存在自身を、その最終的な目的としている。

もちろん、現場の作業に没頭している現存在が、いちいち、そのつどやっている作業は自分自身のためであると考えながらやっているわけではない。そのようなことを考えていたら、釘を打つ手を誤ってしまったり、料理の火加減に失敗したりするのが落ちだ。道具を使うときに、その道具にいちいち注意を向けることも、そのつどの作業が、次の作業のための手段であることなどをいちいち確認することもなく、そのつどの行為の意味や全体の関連を暗黙のうちに承知しながら行為しているように、全体の道具連関が、最終的に現存在自身を目的としていることも、いちいち確認されるわけではない。

具体的な現実を考えれば、料理や大工仕事その他が、それに従事している本人だけのためになされるわけではなく、また、場合によっては、直接、本人のためになされるわけではないことも多い。料理人は、客のために調理をし、家庭においては、調理をしている本人だけではなく、家族がその行為の目的となる。大工仕事などにおいても同様だ。だが、そのような場合でも、その作業を行った者は、謝礼や感謝を受ける。たいていの行為は、結局、それをおこなっている現存在自身のためなのだ（「情けは人のためならず」）。

こうして、現存在は、道具連関において行為をおこなうことによって存在しているが、その行為は、つまりは、その現存在自身のためにおこなわれている。そのことを現存在自身、どこかで承知しており、したがって、現存在の行為は自分自身の存在を立ち上げ、維持するためのものであることになる。行為における、こうした、自分の存在への目配りのことをハイデガーは「配慮（Sorge）」とよぶ。現存在は、自分でも気づかないうちに、自分のために何かしている。それが配慮だ。

さて、ところが、ここにどんでん返しが待っている。

（2）「ひと」：現存在の交換可能性

それぞれの現存在は、そのつどの行為をおこないつつ、結局は、自分自身の存在に配慮しており、行為の目的は結局、自分自身の存在である。ところが、かりに自分やその家族のために料理を作り、家を建てたとしても、破産の憂き目にあって、資産のすべてを奪われてしまうかもしれず、もともとだれかのためにおこなったことであっても、その手柄を誰かに横取りされてしまうかもしれない。すなわち、現存在の行為の最終目的は自分自身であるはずだったのに、その最終目的という位置を、当の現存在自身以外のだれかに奪われてしまうことは、じゅうぶん可能なのである。

ここで逆説が生じる。現存在は、その行為によって存在し、しかもその行為の最終目的が自分自身であることによって、つまりは自分自身のために存在するはずのものだった。ところが、行為の最終目的、すなわち、その行為のいわば果実をえるものはその現存在に限らない。だれかほかの者がその位置に取って代わり、果実を奪うこともありうる。すなわち、各現存在の行為の最終目的に位置するものは交替や代理、交換が可能なのである。

このように交換可能、代理可能であるような現存在のあり方のことをハイデガーは「ひと（das Mann）」とよぶ。「ひとの噂も七十五日」「ひとの振り見て我が振り直せ」などの言い方が示すように、ひととは匿名の、だれでもいい存在だ。だれでもかまわないけれども、だれかに特定されるわけでもない。それが「ひと」であり、日常における現存在のあり方だとハイデガーは言うのである。

これは困ったことである。なにより、現存在とは、「つねにすでに現実存在しているもの」を意味していた。その現存在がなにを望み、なにをおこなっていようと、その存在は、当の現存在自身にとっては取り替えがきかない。自分にとって、自分の存在は「かけがえのない」ものである。もちろん、わたしは、自分の持ち物や財産については、買い換えるなり、場合によっては、いっそすべてを放擲してしまうなりして、現状を変えることができる。家族やパートナーについても、よほどの覚悟があれば、それを取り替えたり、放棄したりすることは、原理的には可能だ。さらに、自分のあり方も、改名したり、転職したりするなどして、変えることはできるかもしれない。財産や人間関係、名前、職業などは、原理的には「かけがえのある」ものである。だが、わたしにとって、わたし自身の存在を取り替えるということは、そもそも意味をなさない。わたしの存在は、わたしにとっては少なくともかけがえのないものである。

ところが、日常のあり方からみると、現存在のかけがえのなさは確保できない。道具連関という世界のなかでなにをしても、結局そこで配慮されている現存在は交換可能なものだからだ。もし、「かけがえのない」代理不可能、交換不可能なあり方が現存在の本来のあり方であるとすれば、日常のあり方は、現存在本来のあり方を見失った「非本来的」なあり方であることになる。

それでは、現存在本来のあり方は、どこで、どのように見いだせるのだろう。

第三章　本来性：自分の完全なあり方

日常におけるわれわれは、道具連関のなかでそのつどの行為をおこなっており、それはとりあえず、自分自身の存在に気を配っておこなわれていることであった。ところが、その存在は、別にだれとでも交換可能なものである。「本来」、わたしにとって、自分の存在が取り替えのきかない、「かけがえのない」ものであるとすれば、それはどのようにして確保されるのだろう。

1　現存在の「かけがえのなさ」

（1）　現存在の交換不可能性

現存在、平たく言えばわたし自身が交換不可能であるとはどのようなことだろう。国家や企業が困難に直面しており、それを解決できる人材が限られているとき、その人材は交換不可能といえる。織田信長や豊臣秀吉、徳川家康のようなひとびとはその例だろう。オペラにおけるマリア・カラス、サッカーにおけるマラドーナ、野球におけるイチローのような「不世出の天才」も、だれかほかに取り替えがきくような存在では、たしかにない。

こうしたひとびとは、たしかにどこのだれとも交換しえず、かけがえのない存在である。だが、残念なことに、だれもがこうしたひとびとのような才能をもっているわけではないし、またもてるわけもない。一方、各自にとって、自分の存在がかけがえないという事実は、才能の有無にかかわらず万人にあてはまる。突出した才能などにかかわらず、だれもがその存在を代理不可能と言えるのは、どのようにしてのことなのだろう。

（2）死へ向かう存在

われわれは、かりに企業で役職についていようと、学校や大学の教員であろうと、書物や原稿の著者であろうと、原理的に代理可能、取り替え可能である。世界においてなにをやっていたとしても、特定の現存在がかけがえのない存在であるわけではない。原理的には、だれも「余人を以て代え難い」わけではないのである。

だが、現存在にかかわることで、ひとつだけその現存在にしかできず、しかも、どんな現存在にもひとしくかかわることがある。

現存在が自分の死を死ぬことだ。

ひとはだれでもいつかは死ぬ。また、自分の死をだれかに代わってもらうわけにはいかない。

もちろん、「身代わりの死」というものは現実におこりうる。

たとえば、ナチスドイツのアウシュヴィッツ絶滅収容所でのコルベ神父の逸話は有名だ。一九四一年七月、収容所で脱走者が出たため、一〇人の囚人が無作為に選ばれ餓死刑に処せられることになった。順番によばれたうちの一人であるガヨフニチェクという男が「わたしには妻子がいる」と叫んだため、コルベが、自分は神父で妻子はいないので身代わりになると申し出て、聞き入れられ、餓死刑に処せられた。ガヨフニチェクは、奇跡的に収容所から生還する。

このケースにおいて、たしかにガヨフニチェクは、自分が死ぬべきであったところをコルベに代わってもらい、それによって収容所での死すら免れた。かれは、一九四一年のアウシュヴィッツでの死をコルベに身代わりになってもらったことになる。だが、だからといってガヨフニチェクが自分の死そのものをコルベに身代わりになってもらい、自分の死を免れたかというと、そういうわけではない。ガヨフニチェクは、自分の死を迎えなければならないし、じっさい、数十年後にそのときは訪れた。

こうして、自分の死はだれにも代わってもらうことのできない、自分自身で引き受けるしかない事実である。幼くして死病に冒されたわが子の死を代わってやれないものかと、その親は思うにちがいない。だが、いかに割り切れないものであっても、その子の死をだれも代わることはできない。

しかも、死は、人間だれにでも降りかかる。現存在とは、この世に生をうけた、その瞬間から死ぬことを運命づけられている。それ以外の点をみれば、恵まれた一生を送る運命のものも、不遇に終わるものもおり、各現存在の運命はさまざまだ。まして、生まれたばかりの時点では、まだ、どちらに転ぶかはだれにもわからない。ところが、その現存在が、いつか、かならず自分自身の死を迎えることだけは、すべての現存在に平等にあたえられた運命であり、しかも、そのことはそれぞれの現存在が生まれたその瞬間に確実にわかっている。

だれでもかならず、生まれたときから自分の死へと向かっている。現存在の、こうしたあり方のことをハイデガーは、「死へ向かう存在（Sein zum Tode）」とよぶ。

（3）現存在の全体性

ところで、現存在が「死へ向かう存在」であるというとき、それは「だれでもいつかかならず死ぬ」という事実を意味しているだけではない。「死へ向かう存在」という言い方には、現存在というものの、他の存在者とは異なる独自のあり方が潜んでいる。

いま、一般に、存在者とその終わりとの関係について考えてみよう。人間だけでなく、ウマでもイヌでもいつか死ぬべきことには変わりがない。また生物にかぎらず、机や壺、自動車や山河、天体なども、長い年月のあいだにいつかは壊れ、劣化し、燃え尽きて、その存在が失われる。ところが、こうした生物や無生物の場合と現存在とでは、おなじくその存在に終わりを迎えるとは言っても、意味が異なるのである。

「棺を覆ってのち、はじめて生がさだまる」という言い方がある。ひとは、青年から壮年になり、それぞれ仕事や人生を充実させ、老いて、やがて死ぬ。

たしかに、そのひとがどのようなひとであるか、あるいはあったかは、青壮年期にした仕事や人生によって定まり、それがいわば人生の絶頂であるという考え方もできるだろう。じっさい、古代ギリシア人はそのように考え、四〇歳を「アクメー（人生の絶頂）」とよんだ。アクメーというギリシア語は「絶頂」を意味する。すなわち、昇ってきたものがこれ以上昇りえないところに到りつき、あとは落ちるだけであるような点、頂点だ。古代ギリシア人にとって、だれでも人間の絶頂は四〇歳で決まり、あとは落ちていくだけだった。

だが、じっさいには、ことはそう単純ではない。その古代ギリシアにおいて、ソクラテスが、その著名な活動をはじめたのは四〇歳をとっくにすぎてからだったし、かれは七〇歳で死ぬまでそれを続けたのである。しかも、ソクラテスは最後に裁判で死刑を宣告され、毒ニンジンを飲んで、従容《しょうよう》として死を迎えたのだが、かれが後世に到るまで哲学者としての名を残した要因のひとつには、疑いなく、ジタバタしないで立派な最期を遂げたことがある。もしかれが、友人の勧めに従ってアテナイを脱出していたら、かれへの評価はまたちがっていただろう。

一般に、ひとは四〇歳でいくら立派な仕事をしていても、その後、致命的な失態を演じてしまうこともあるし、逆に、最後の大逆転もある。そのひとの人生が結局どのようなものであるかは、最後の最後までわからない。逆に、そのひとの「生がさだまる」のは、そのひとが最後まで生ききったときである。そのひとの生において、人生全体の評価を決めるうえでの未決定の部分がなくなったとき、はじめて、そのひとの人生は全体として完成したことになる。そしてそれは、そのひとが死を迎えたときなのである。

現存在は、死を迎えてはじめて、全体として完結する。だが、これはひどく皮肉な状況だ。なぜなら、死とは、現存在が自分自身の存在を失うことだからだ。現存在は、その全体が完成した、その瞬間に、その存在をも失ってしまうのである。これは、ほかの存在者とはまったく異なるあり方である。たとえば自動車は、組立工場で完成したときに、必要なすべては備えた完結した全体となり、そしてその後、販売され、消費者の手に渡って何年も現役車両としてはたらくことができる。酒瓶が酒瓶として完成するのは、からの状態でおかれるのではなく、酒をなみなみと満たされたときだろう。そのとき、酒瓶は酒瓶として完成し、飲み干されるまでは、その状態が続く。ところが、現存在の場合、事情はまったく異なる。すなわち、現存在は、その存在が全体として完結したときに、その存在を終えてしまうのである。それはまるで、風船に空気を入れ、その能力一杯にふくらんだ瞬間、割れてしまうようなものだ。あるいは、花火が、花火職人の手によって注意深く組み立てられ、保管され、輸送され、その挙げ句に、打ち上げられて大輪の花を夜空に描くとき、その完全な存在をあらわにするけれども、そのときにはもはやその存在を失うようなものでもある。

現存在、つまりわれわれ自身とは、じつに奇妙なあり方をしていることになる。自動車や酒瓶など人工物は、設計図どおりに完成したときに、その完全な姿を実現し、その後は、壊れるまで存在し続ける。石や山などは、自然の摂理にしたがって、現在の形をとり、ふたたび自然の摂理にしたがって、壊れてゆく。だが、現存在は、それが存在しているあいだ、つねに不完全な存在であり、そして、その存在が失われることによって、完全な存在となる。例外を除けば、死の前の現存在とは、静かに死を迎えるものなのだから、そのあり方は、存在が失われる直前に、その最大の能力を発揮する風船や花火よりも華々しさに欠けるものとなるだろう。だが、それが死へと向かう存在としての現存在なのである。

（4）　死の忘却

現存在は、日常においては、なにをしていても結局、代理可能な存在でしかありえない。その現存在が、取り替えのきかない存在たりうるのは、自分の死を死ぬときであり、しかも、そのときはじめて現存在はみずからの完全な存在を実現するのであった。ところが、ここにひとつの問題が生じる。すなわち、現存在は、自分が「死に向かう存在」であることをつねに忘却しているのである。

第一に、われわれはつねに自分の死からは目を背けている。ほかの運命はともかくとして、いつか死ぬことだけは万人に公平に分け与えられた運命であり、それゆえ、現存在はその誕生の瞬間から「死に向かう存在」である。また、訃報や事故死、事件による殺人などは、日々、報道され、時に、身近な人や大切な家族などの死に出合うこともある。死は、じつは日常的な光景だ。

ひとはいつか死ぬし、そのことを知らぬ者はいない。だが、このように、「ひとはいつか死ぬ」と考えているとき、その主語に登場する「ひと」とは、まさに、だれでもいいが、だれというわけではない存在としての「ひと」でしかない。それは、ほかならぬ自分の死ではなく、したがって、自分にとっても可能な死としてとらえられてはいない。こうして、だれも、自分の死を直視しないことになる。

われわれが、自分の死をほんとうに直視するのは、「三ヶ月しかもたない」などのように、死を宣告された場合でしかない。だが、その場合でも、ひとはなかなか自分に死が迫っていることを直視し、受け入れることはできない。

死を前にした人間の心理をリアルに描いたのが、トルストイの『イワン・イリッチの死』であり、また、アメリカ合州国の心理療法士であるエリザベート・キューブラー＝ロスの『死ぬ瞬間』である。

トルストイの小説の主人公イワン・イリッチはロシアの公務員で、家庭も仕事もまず順調だった。ところが、家を新築し、そこへの引っ越し準備の途中、かれは誤って梯子から転落する。当初はただの打ち身と思われた打撲は、やがて内臓の重大な損傷をもたらしていたことが判明した。

自分が死病をわずらっていることに気づいたイワンだが、かれは当初、自分が死の病にかかったという事実を否定し、あるいはその事実を端的に理解できない。かれにとって死とは、「人は誰でも死ぬ、シーザーは人である、ゆえにシーザーは死ぬ」という三段論法の例題に登場するものでしかなかった。それは、ごくごく一般的な事実を述べたものにすぎず、この自分とどう関わるのかはまったく不明で、取りつく島もない。

やがて、イワンは、なぜ自分だけがそのような運命にならなければならないのか、怒りに駆られる。ところが、怒っても何も変わらないことがわかる。こんどは、無限の絶望に駆られ、自分のこれまで生きてきた道程には何の価値もないと嘆き、悲しむ。イワンが自分の運命を受け入れ、自分の死を静かに受け入れられるようになったのは最後の最後になってからのことだった。

イワン・イリッチが死を受け入れるまでにたどったのは、（一）否認、（二）怒り、（三）抑鬱、（四）生の否定、（五）受容、という五段階だった。

一方、アメリカの心理治療士エリザベート・キューブラー＝ロスは、末期患者たちとのカウンセリングの経験から、自分の死を前にした人間のたどる心理を、やはり、五段階にわけている（『死ぬ瞬間』）。アメリカ合州国における、たとえば末期ガンの患者などは、やはり、当初、自分が死ぬ可能性を認めようとしない。それをどうしても認めざるをえないと知ったとき、患者は激しい怒りに駆られる。なぜ、ほかならぬこの自分がそのような運命に襲われなければならないのか、というわけだ。怒ってもなんにもならないことに気づいたとき、患者は、運命もしくは「神」と取引をこころみる。たとえば、半年後には娘の結婚式があるので、せめてそれまではもたせてほしい、そうすれば、死の運命を自分も受け入れるから、といった祈りを捧げるのだ。だが、それもうまくいかず、また、うまくいっても死の運命に変わりはない。そこで患者は抑鬱状態になる。こうした過程をつうじて、患者は、「医師の診断が間違いであって欲しい」という希望を捨てることができない。自分の死を受け入れることができるのは、その過程の最後になってからなのである。

（5）　死の忘却メカニズム

日常のわれわれは、死を「ひと」の死としてしか認知していないし、また、いざ自分が死を迎えようとするときでも、それを直視することはなかなか難しい。そして、ハイデガーが分析している日常の現存在のあり方をみれば、自分の死を直視することの困難にはじゅうぶんな理由があることがわかる。

第一に、死はまさに自分に降りかかることであるにもかかわらず、それをリアルタイムで体験し、あるいはそれを振り返ることはだれにもできない。たとえば、結婚や離婚、経済的成功や破産も、おなじく自分に降りかかりうることだが、その運命に巻き込まれたとき、わたしはそれを体験し、ほとぼりが冷めてから、あらためて振り返ることもできる。だが、死について、それは不可能だ。なぜなら、死とはわたし自身の存在を失うことだからである。

自分自身の存在を失うとは、どのようなことだろう。

ある現存在の死は、当の現存在自身にとって、またおそらくその周囲の他の現存在にとっても、なにかとても大切なものを失う経験に違いない。だが、ひとくちに、なにか大切なものを「失う」と言っても、財布や財産、恋人を失うのと、自分の存在を失うのとではまったくわけがちがう。財布や恋人を失うのは、たしかに痛手にちがいない。だが、そのときわたしは、財布や恋人を失った存在として、まだその存在を続け、したがって財布や恋人の喪失を喪失として経験することができる。ところが死において、現存在は、まさにその存在を失い、その存在を失った存在として、もはや存在することができない。それゆえ、自分の存在の喪失を、現存在は、そしてだれもそれとして経験することはできないし、その先の時点から自分が経験した死を振り返ることもできない。これをハイデガーは、「死の追い越し不可能性」とよぶ。離婚や破産などは、それを経験し、あとからそれを振り返ることができるし、そのときわたしにとって離婚や破産は、過去にあり、その先の時点にいるわたしはそれを追い越して、その先を歩んでいる。だが、自分の死に関して、それは成り立たない。

このような事態を理解するのは困難である。なぜなら、それは日常の理解のあり方には回収できないからだ。

日常における現存在は、道具連関という世界に住んでおり、個々の目的連関における目的‐手段‐連関にしたがって行為しているのであった。その際、いちいち自覚することはなくても、そのつどの自分や他人の行為や出来事の意味を、ある目的とその実現のための手段という枠組みでとらえている。「いま勉強するのは入学試験に合格するため」「いま節約するのは連休に旅行するため」「ハサミは紙を切るための道具だ」などといった具合だ。日常において、なにかを理解するための枠組みとは「目的‐手段」という枠組みしかない。ところが、死は、どこからみても目的手段連関からはずれている。

生きていた者がなんのためにその存在を失わなければならないのか、という問いに答えはない。

ハイデガーによれば、目的‐手段‐連関の最終目的は、とりあえず、現存在自身だった。ところが、ひとが死ぬとき、問題の行為が役立つべきその人自身がすでに存在をやめている。

逆に、自分の死は、日常の目的‐手段‐連関における行為や考えの意味をすべて奪ってしまう。日常の行為が、自分の死を目的としてなされることはほとんどありえず、むしろ生きている者がおこなう行為は、自分の生存を長らえさせるためのものだ。そして、「入試合格のために勉強する」「旅行のために節約する」といった、日常の目的‐手段‐連関や

「目的–手段」的思考において意味をあたえていた目的も、それが実現する前にそのひとが死んでしまえば、すべての意味が失われてしまう。

したがって、そのつどの行為や思考が意味をもつためには、むしろ各自は自分がいつか死ぬという可能性を隠蔽し、そのようなことはなかったかのように、つねに未来にむけて自分の行為の目的をたて、それを追っていかなければならない。こうした、つねに未来に目的を設定し、それを追うという、いわば前のめりのあり方をしているのが日常の現存在だ。そうとすれば、現存在自身の死とは、こうしたあり方そのものを否定するものである。

現存在自身の死は、日常における行為や思考、あり方の枠組み、日常的理解の唯一の回路である目的–手段–連関をぶちこわしにする。それゆえ、死を日常的論理によって理解することは原理的に不可能だ。

(6) 死をめぐるヨーロッパ哲学

日常的論理によって理解不可能としても、非日常的な論理によってなら死を理解することはできるのだろうか。哲学は、日常的論理とは異なり、また、とうぜん、死は古来、ヨーロッパ哲学にとっても大きな課題であった。

ところが、ヨーロッパ哲学において、死が課題とされていたといっても、その取り扱いは、かならずしもほんとうの意味での人間の死をあつかったものとは言えないものだった。

ヨーロッパ哲学において死を話題にした最初の有名哲学者はソクラテスである。かれはアテナイの有力者に訴えられ、裁判で死刑を宣告された。刑が執行される前夜、ソクラテスの友人たちがかれの牢獄をたずね、他の都市国家への亡命を勧める。ところがソクラテスは、そのすすめを断り、断る理由として、人間の霊魂は不死であることは哲学的に論証可能であると述べるのだ。こうしてかれは毒ニンジンの杯をあおいで死ぬ。

中世から近世にかけての哲学において、死は「霊魂の不死」との関連においてのみ問題となった。キリスト教の考えによれば、人間世界には終わりがくるときがあり、そのとき天使が降臨して、地上を生きたすべての人間の生前の行為を審判する（「最後の審判」）。ここで「地上を生きたすべての人間」というのは、その最後の審判がなされる時点で生きている者だけではなく、とっくの昔に死んでいた者も、肉体とともに蘇り、審判を受ける、というわけである。そしてその判決次第で、善行を積んだ者は天国へ、悪に身を任せた者は地獄へ、どちらとも決めがたい者は煉獄へと送られる。こうしたキリスト教の教義からすれば、たしかに霊魂は不死でなければならない。そして、この問題を理性的、知的に理解しようとしたり、まして論証したりすることは不可能であることが哲学者によって公然と宣言されるには、一八世紀末のイマニュエル・カントの出現を待たなければならなかったのである。

ソクラテスのように考えるにせよ、中世近世哲学のように考えるにしても、そのやり方では「死」を正面からあつかったことにはならない。なぜなら、かれらにおいて死とは、肉体がその機能を停止したこととしかとらえられておらず、肉体とともに各人を構成すると考えられるもうひとつの部分、すなわち、「こころ」「たましい」「霊魂」といったものは、その後も生き続け、それどころかけっして滅びることがない、とされているからだ。肉体、身体を失うことが、こころや霊魂にとって好都合なのか、それとも、(映画『ニューヨークの恋人』のようなもどかしいことになって)不都合なのかはわからない。いずれにしても、自分がだれかを決するうえでは身体よりもこころが基本的だと考えられている。映画『同級生』からテレビドラマ『パパとムスメの七日間』にいたるまで、ふたりの人物間でこころと身体が入れ替わった場合、人格を決するのは入れ替わったこころであり、入れ替わられた身体ではない。こうして、古代から近世にいたるヨーロッパ哲学のように、こころやたましいが生き延びるとされるのであれば、それはけっして、そのひと本人にとっての死ではない。それゆえ、伝統的な哲学の考えや用語によって、死を正面から理解することはできないのである。

逆に、ハイデガーは、われわれの死を正面から理解しようとした初めての哲学者であったと言える。だが、そのかれにしても、通常のわれわれが、自分の死から目をそらし、それを直視しようとしないという問題は容易に解決できない。これを解決しなければ、現存在はその本来性を実現できない。これにハイデガーはどう対処したのだろう。

2　現存在の本来性

われわれは、だれでも生まれた瞬間から死ぬことを運命づけられている「死へ向かう存在」であった。死を迎えることによって現存在の存在は完結し、また、ほかのいかなる現存在にも代理不可能な取り替え不可能性、かけがえのなさを手に入れる。こうして、日常において、「ひと」の匿名性に解消していた代理可能性という非本来的なあり方を克服する、本来的なあり方が可能になる。

ところが、日常において現存在は、だれにでも襲ってくる運命としての死を、不特定の一般的存在としての「ひと」の死としてしかとらえず（「ひとごと」）、医師の宣告などによってそれが間近に迫ったときでも、なかなかそれを受け入れることはできない。しかもそれは日常における現存在の行為や思考のメカニズムからしてとうぜんの帰結でもあった。

それでは、現存在はいかにして自分の死を直視し、それによって代理不可能性という本来的なあり方を実現することができるのだろう。

（1） 日常からの脱却：良心

ハイデガーによれば、現存在が、日常における目的-手段-連関における行為や思考という非本来性から身を引きはがし、自分の死へと目を向けるきっかけになるのは「良心」だ。

良心とは、もともとギリシアやローマにおいては行為の指針とされたものであった。英語で良心のことを「conscience」というが、そのラテン語原語「conscientia」は、「ともに（con）」「知っていること（scientia）」を意味する。

ひとが、なにか行為をしたり、決断を迫られたりしたとき、あれこれ熟慮の結果、なにをおこなうかを選択し、行為する。そのとき、直接、行為の選択にかかわる熟慮は、道徳的倫理的規範にかんする配慮だったり、行為にかんするひとびとの反応、行為の帰結などにかんする計算であったりする。たとえば、約束に遅れまいと急いでいる道に財布が落ちていたとすれば、それを拾うかどうか、拾った財布を交番に届けるかどうかを選択しなければならないが、そのとき、「他人の所有物を勝手に自分のものにするのは窃盗行為であり、してはいけない」といった道徳的規範が頭に浮かび、同時に、財布を横領して、あとで見つかったときに他人から受ける非難、交番まで届けに行っても遅刻しないかどうか、といった計算がはたらき、結果的に、財布を交番に届けることになる。こうした、行為の選択にかかわる熟慮に、つねに相伴って、自分がいかなる状況でいかなることを考え、おこなうかをつねにチェックしているのが良心である。

だからといって、良心とは、なにか自分自身に備わった道徳的判断の主とか、あるいは、なんらかの権威によって裏付けられた道徳的規範のようなものではない。道徳的規範や行為の帰結などに配慮して、じっさいの行為を選択するのは、あくまでわたし自身であり、あるいは現存在自身である。良心とは、こうした熟慮や選択に相伴っているものにすぎない。

熟慮や選択、行為の主体があくまで自分自身であり、良心はそれに相伴っているにすぎないとすれば、良心にはどのようなはたらきがあるのだろう。ハイデガーによれば、良心とは、わたし（現存在）が、なにかを選択し、行為しようとしたとき、時として、それをしてはならない、それはまちがっている、と呼びかける存在だ。それは、熟慮や行為の主体であるわたし（現存在）自身の意のままになるものではない。ふつうに「良心の声」と言うように、それは、熟慮や行為の主体であるわたし自身にどこからともなく語りかけてくる。それは、たしかに、目に見える外部に存在するわけではなく、わたし（現存在）の「内側」からの声だが、だからといってわたし自身の声であるわけではない。また、なにをするべきかを具体的に指示するものではない。良心の声は、わたしがいざなにかを選択し、行為しようとしたときに、それを禁止し、あるいは、それがやってはならないことであると、否定的に呼びかけるだけなのである。良心は、けっして、自分自身がなにを考えているのかを具体的に、内容のある形で語ってくれることはない。ただ、行為を禁止し、あるいは、「それをするとヤバイかも」という漠然とした感覚を生むだけだ。良心はたしかにわたし自身のうちからの声だが、内容のあることを語ることのない、いわば沈黙の他者の呼びかけである。

ハイデガーによれば、この良心の声こそが、わたしを日常の非本来性から、本来的なあり方へと目を向けさせる原動力となる。なぜなら、良心とは、ハイデガーによれば「現存在の存在のあらわれ」だからだ。

（2）現存在と時間：非本来性

通常は忘却されている現存在の本来のあり方が実現したとき、それはどのようなものなのか。

いま、現存在のあり方を、その時間的局面において考えてみよう。

わたし（現存在）は、十数年前、数十年前にこの世に生をうけ、育ち、今にいたっている。わたしは、これから、今やりかけている仕事を完成し、いまだ幼いわが子の成人する姿を見てみたい。こうして、わたし（現存在）は、過去をすごし、現在を生き、未来へとむかっている。

だれでも、過去には、そのつど自分がやってきたこと、他人にやってもらったこと、さまざまな出来事があった。小学校から中学校にかけて十回以上も転校したのは、父親が転勤族だったからであり、その後、大学で教育学を学んだのは、転校をくりかえすごとに学級担任の先生に親切にしてもらったことが忘れられないからだ、など、その多くは記憶や記録として保存され、出来事同士のあいだにはさまざまな因果関係があり、なんらかの行為や選択にはそのつど、理由や根拠があった。わたしは、教職がすばらしいと思ったので、その思いを理由、根拠にして大学の進学先を選択した。

そして、そうした過去があって、現在の自分はある。現在の自分は、勉強したり、勤務先での仕事をこなしたり、家族の世話をしたり、子どもを育てたりしている。たまにはそこから身をひいて趣味や旅行などで息抜きをすることはあっても、目の前にある課題や仕事、義務に没頭しているのがひとびとの姿だ。

そして、現在没頭している課題や義務は、十日後や一年後、五年後、十年後に、それなりの成果をあげることだろう。目指していた学校に入学し、仕事には片がつき、子どももやがて成長して巣立ってゆく。それも、これまで、そして今、積み重ねている努力のたまものだ。未来のあり方については、（卒業、就職、退職まであと何年、といった仕方で）ある程度、予測され、（この学校、企業に入りたい、この製品を完成させたい、などといった仕方で）希望や夢があり、そして、ここにもまた、過去についてと同じように、（現在の努力が実を結ぶ、といった仕方で）行為や出来事などのあいだにさまざまな因果関係がある。

こうして、さまざまな行為や出来事の集積、その間にみられる大小さまざまな因果関係、記憶や予測、希望などに満たされているのが、われわれにとっての過去、現在、未来である、と、通常は考えられる。

（3）　本来性における過去：被投性

だが、こうした過去、現在、未来の行為や出来事にコミットしているわたし自身のあり方、現存在の存在に目を向けると、そのあり方はおおいに異なる。

まず過去について。さきに、だれでも「気づいたらつねにすでに存在していた」と述べた。もちろん、すでに一定の年齢に達しておられるであろう本書の読者の方々は、ご自分がとっくの昔に「存在している」と言われても、当たり前だと思われるだけだろう。ひとがいつ自分の存在に注意を向けるのかは、発達心理学にたずねてみなければならない。それは、自我が目覚める頃とされる生後六ヶ月かもしれず、「ものごころがつく」と言われる年齢のことかもしれず、反抗期とよばれる十代中頃かもしれず、あるいは、さまざまな葛藤や理不尽を前に、ふと、自分がなぜ生まれたのか、なぜ生きているか、疑問になった思春期の頃かもしれない。それがどの時期においてかにかかわらず、ひとがこのように自分の存在に注意を向けたとき、そのとき、ひとはかならず「すでに存在している」。逆に言うと、われわれにとって、自分がまだ現実に存在していない、という状態はありえない。

このことをもうすこし具体的にイメージするのに最適なのは、芥川龍之介の小編『河童』である。この小説に描かれた河童は、生まれる前の胎児の段階で、自分が生まれるかどうかを選択することができる。いよいよお産ということになったとき、医者や産婆に取り囲まれた父親は、人間には見られないある行動をする。「父親は電話でもかけるように母親の生殖器に口をつけ、…大きな声で尋ねるのです」。父親河童は、「お前はこの世界へ生まれてくるかどうか、よく考えた上で返事をしろ」と胎児に呼びかけるのだ。そして、もし胎内の子が生まれたいと言えば、出産され、生まれたくないと言われると、いあわせた産婆の処理によって、臨月まで成長していた胎児はたちまち消滅してしまう。

ドイツ語で、赤ん坊が生まれることを「この世界にやってくる（in die Welt gekommen）」と言う。母親の胎内から外に出てはじめて現実世界のなかに存在することになる、というわけだが、そうとすれば、生まれる前の母親の胎内にいた河童の胎児は、まだ世界に現実存在していない。現実存在する以前の状態の河童は、世界について知りえた情報をもとに、自分がいよいよ現実存在するか否かを、自分で選択することができる。もしその胎児が、この世は生まれるにふさわしいと思えば、生まれることを選択し、じっさいに「この世に生をうける」し、生まれたくないと思えば、現実世界に登場する以前に、そのまま消滅してしまう。

河童においては、現実に存在する前の状態というものがあり、現実に存在するか否かを河童自身が選択できる。だが、河童的現存在において可能なことは、われわれ人間の現存在においては不可能である。人間的現存在は、現実に存在する以前のどこか別世界でこの世のことを観察し、熟慮の上で選択して、現実世界に登場するわけではない。熟慮の上での選択であれば、選択した本人に、その理由や根拠があるだろう。だが、われわれが現実存在しているのは、なんらかの理由や根拠にもとづくわけではないのである。

現存在にとっては、現実存在していないあり方は考えられず、また、その存在も本人の熟慮による選択にもとづくわけではない。このような現存在のあり方のことをハイデガーは、「被投性（Geworfenheit）」とよぶ。geworfenとは、「投げる」という意味の動詞werfenの過去分詞形であり、受け身をあらわす。-heitは形容詞や動詞から名詞を作るドイツ語の接尾辞だ。すなわちハイデガーは、われわれの現存在は、自分で選択してこの世に登場したわけではなく、自分の意志や選択とは無関係に、まるで池に小石が投げ込まれるように、この世に投げ込まれたような存在だ、と言うのである。もちろん、このように言うと、わたしをこの世に投げ込んだ「投げ手」がどこかにいるように聞こえてしまう。そのように、だれかの存在を決するものは、通常、「神」と考えられるだろう。だが、ハイデガーは、デカルトなどとはちがって、自分の哲学のシステムに「神」の存在を滑り込ませるようなことはしない。現存在が、この世に投げ込まれたとしても、どこかにその投げ手が想定されるわけでも、まして、投げ手の意志のようなものが前提されるわけでもない。

しかも、被投性というあり方は、それぞれの現存在が日常的、世間的にどのような存在であるのか、その内容や質とは一切かかわりなく、およそありとあらゆるすべての現存在に共通のものである。すなわち、各現存在は、世間的には高貴の生まれかもしれず、そうでもないかもしれない。だが、どのような生まれ方をしていようと、あらゆる現存在は、理由も根拠もなく気づいたらつねにすでに存在している、被投性というあり方で存在している。

(4) 現存在の将来：企投性

過去に着目すれば、現存在とは、気づいたときにはつねにすでに、根拠も理由もなくすでに存在していたにすぎない被投的存在である。それでは、未来に関してはどうだろう。ハイデガーは、現存在が未来にかかわる仕方を「企投性（Entwurf）」とよぶ。ドイツ語の「-wurf」もまた動詞werfenからできた言葉で、投げる行為または投げられたものをさす。「Ent-」とは、「(こちらから) むこうへ」という方向や運動を表す接頭辞だ。なぜハイデガーは、このようなことを言うのだろう。

「未来にかかわる仕方」と言っても、もちろんさまざまなあり方を考えることができる。科学者は、一万年後の太陽の爆発について、まるで昆虫を観察するときのようにつきはなして叙述するかもしれない。一方、全財産をつぎ込んで起業をするひとは、自分の財産や一生を、その事業の五年以内での成功に賭ける。あるいはまた、イエズス・キリストは、「飛ぶ鳥、野に咲く花を見よ。かれらは明日のことを思い煩わない」と言ったというが、もしその言葉が正しいとすれば、花や鳥は未来のことなど気にせず、そのときそのときを生きている。

同じく未来にかかわるといっても、科学者や予言者にとっての一万年後の未来は、まさに自然現象にほかならず、そのひとの生存や生活には直接かかわりのない、客観的で第三者的なものである。それにたいして、起業家にとっての五年後の未来は、そのひとの生涯や存在のあり方を決するものだ。かれは、自分の事業に身を投じている。一方、キリストの言葉が正しいとすれば、花や鳥にとって未来は存在しないも同然だ。

このように、ひとくちに未来にかかわる仕方と言ってもさまざまだが、ハイデガーによれば現存在は例外なく、未来へと企投性という仕方でかかわっている。企投性とは、今あげた三つの例で言えば起業家の態度に一番近い。かれはまさに、自分の事業の未来へと身を投じた。おなじように、すべての現存在は、自分の未来へと我が身を投じる。現存在は、自分の仕事が数年後に完成するために日々、粉骨砕身の努力を重ねるかもしれず、わが子の成長に日々、気を配って努力するかもしれない。活動の場は各自それぞれ異なっても、いずれも未来に設定された目的のために日々を送っていることに変わりはない。それは、現存在がその身をおいている世界が道具連関という目的―手段―連関であることからして当然の結果である。このように、未来においてはじめて完成する自分の仕事や課題のために我が身を投じることが企投性だ。

とはいえ、本来性の次元における現存在については、その存在の意味が問題になっていた。それゆえ、その企投性といっても、それは起業家の事業や各自の仕事、課題といった日常的なあり方とは異なっている。すなわち、ここでは、それぞれの現存在が何をやるか、どのような一生を送るのかといった、その内容や質が問題になっているわけではなく、存在が問題になっている。そして、各現存在の未来の存在についてみると、それぞれの一生が栄光に満ちたものであろうと、そうでもないようなものであろうと、その内容や質には一切かかわりなく、共通の運命が待ち受けていた。すなわち、いかなる現存在も、それ自身の死へと向かう存在であり、未来においてはかならず自分の死に出会わなければならない。

現存在は例外なく、その存在がはじまったその瞬間から「死へと向かう」存在であった。死へと向かう存在であることにおいて、それぞれの現存在は交換不可能性、「かけがえのなさ」を手に入れ、またそれ自身の死を迎えることにおいて、各現存在はその存在をまっとうし、全体性を手に入れる。そのつどの現在において、自分自身の死は忘却されているかもしれない。だが、当人の意識や認識、注意の向き加減とはかかわりなく、どの現存在も自分の死へと向かっており、自分の死へとかかわっている。それが本来性の次元における現存在の企投性だ。

こうした、そのつどの現在における、自分自身の死とのかかわりのことをハイデガーは「先駆的決意性」とよぶ。

「先駆的」とは、いま現在から見れば先のことではあっても、そこに早まわりしておくという、いまに先んじたあり方のことを意味している。すなわち、そのつどの現在において各現存在は、かならずしも自分の死を前にしてはおらず、それぞれの業務に専念している。それゆえ、各現存在にとって自分の死とは、とりあえず「先に」あるものだ。だが、その先にある自分の死へと、先回りしておこう、というわけである。

一方、決意性とは、何かを覚悟しておく、といった意味だ。とはいえ、戦場で敵に包囲されて絶体絶命となったときに、「死を覚悟して」敵地におもむいたり、難病の手術を受けるのに「死を覚悟」したりするように、そのつどの現存在が自分の死を覚悟するという意味ではない。現存在とは、そもそもそれが代理不可能にして全体的であるという、自己本来の存在であるためには、自分の死を迎えなければならないのであった。それゆえ、いかなる現存在であっても、それがその本来の存在であるためには、いついかなる時点においても、自分の死へとかかわっていなければならない。現存在は、野の花や鳥のように自分の未来に無関係、無関心では、自分本来のあり方とかかわることができないのである。しかもそれも、科学者のように、自分の生涯や存在と無関係な第三者的な仕方で未来にかける自分の死とかかわるのでもない。そうではなく、起業家がそうであったように、現存在は、自分のみを投じて、自分の死とかかわる。それが本来的な意味における企投性であり、先駆的決意性だ。

もちろん、現存在ごとに、それ自身の死はいつ来るかわからない。何十年後かもしれず、一瞬後かもしれない。いずれにしてもそれは未来だ。だが、現存在にとっての死を、未来におこることといってすませるわけにはいかないとハイデガーは言う。いまはよちよち歩きの二足歩行ロボットも、二十年後の未来には人間の代表チームとサッカーの試合ができるかもしれず、現在はまだひとりあたりＧＤＰが日本の二十分の一である中国やインドも五十年後の未来には、アメリカ合州国や日本を抜いて経済大国になっているかもしれない。それは、現在においてある程度予測可能であっても、「まだこない」時点、すなわち未来だ。それは、ほんとうに実現するかどうかもわからず、また、仮に実現したとしても、現在の自分とはあまり深刻にはかかわらないかもしれない。だが、現存在にとって、自分自身の死は、およそ存在しているかぎりはかならずやってくるものであり、しかもそれは自分自身の存在そのものにかかわる。そこでハイデガーは、現存在にとって自分自身の死は、「将来」、すなわち、いつでも「まさに来たらんとする」ものだと言う。そのつどの現存在は、将来の自分の死へと企投性、先駆的決意性によってかかわり、それによって本来の存在たりえている。しかもこれは例外なく、すべての現存在にあてはまる。

さて、ところで、現存在はたしかに自分の死と先駆的にかかわることによって自己の「かけがえのない」全体性を確保し、その本来性を実現できるかもしれない。だが、そのすべては、まさに当の現存在の死によって可能となるのであった。死とは、現存在が自分自身の存在そのものを失うことであり、それ自身が「無」になることである。すなわち、現存在は、将来の無に直面することによって本来のあり方を実現する。

（5） 現存在の現在

現存在は、その過去に関してみると被投性というあり方をしており、一方、将来については企投性というあり方をしていた。だが、被投性とは、現存在の存在になんの根拠も理由もないことを意味する。一方、企投性とは、現存在自身の死、すなわち、自分の存在がなくなること、「無」へとかかわることであった。こうして、現存在はその存在の本来性において、過去においても将来においても「無」に直面する。過去を見ても、未来を見ても、いずれにしても現存在にとっては、根拠や目的、存在が「無い」。

だが、それでは現在についてはどうだろう。

ハイデガーによれば、現存在はそのつどの現在において、自分の本来性を失っている。日々の日常においては、すでに述べてきたように、各現存在は、目の前の目的-手段-連関にしたがって活動、行為しており、そのつどそれに没頭しなければ仕事に失敗し、生活に不調をきたしてしまう。通常の現存在、つまりわれわれは、自分の存在の本来性のことなど考えたこともなく、日々の暮らしに没頭するしかない。かりにハイデガーの言葉に耳を傾けて、自分のかけがえのない全体的存在に思いをいたしたとしても、そのことを四六時中考えているわけにはいかない。どうしても、日々の暮らしに戻らざるをえないのである。こうして、そのつどの現在における現存在は、日々の暮らしに没頭し、それによってみずからの本来的存在を失わざるをえない。そのつどの現在において、現存在にはみずからの本来的存在が「無い」のである。

こうした、現在における本来性の喪失のことを、ハイデガーは「頽落」とよぶ。「頽廃」とか「堕落」を連想させる言葉だ。ここでハイデガーの念頭にあったのは、キルケゴール以来のキリスト教的な実存哲学であった。

ハイデガーは、ドイツ南部のメスキルヒで生まれた。現在の人口が八六〇〇人という小さな田舎町だ。かれは当初、神学を志したが、のちに哲学に転じた。とはいえ、純然たる理論的な哲学に興味があったわけではなく、かれの机にはつねにキルケゴールの肖像が飾られていたという。

ここで、ハイデガーの考えをよりはっきりさせるために、かれに大きな影響を与えたキルケゴールの思想をかんたんに見ておこう。

（6）キルケゴールの実存思想

キルケゴールは、一九世紀中葉のデンマークの思想家であり、後の「実存主義」「実存哲学」の先駆けと言われている。

かれは、まず、われわれの現実生活におけるあり方（「実存」）を三種類に区別している。すなわち、「美的実存」「倫理的実存」「宗教的実存」である。この三種類の実存は並列的な分類ではなく、はっきりとした序列がある。だが、それぞれはなにを意味するのだろう。

まず、「美的実存」というのは、「あれもこれも」と楽しいもの、新奇なものをつねに追い求め、快楽を追求し、現実から自由な例外者として生きるあり方だ。東京で言えば青山や原宿のような場所に住み、新規なファッションや食べ物を追い求め、そのように、最先端の流行を知り、味わうことのできる自分は、凡人とはちがう存在だと考えるような生き方だ。

だが、キルケゴールによれば、このような行き方を続けていても、やがて、絶えず新しく生まれてくるさまざまな可能性の中で自分を見失い、しまいに、何が自分なのか、自分が何者なのかさえわからなくなってしまい、ついには虚無感におちいる。そのため、美的な生き方を追い求めていた者も、それを続けられなくなり、ついで「倫理的実存」にいたると言う。

倫理的実存とは、善悪のけじめをはっきりつけ、倫理によって正義を追い、不正を指弾することに生きがいを感じ、正義追求によって自己実現を果たしていこうとする生き方である。

だが、キルケゴールによれば、このような生き方もいつまでも続かない。正邪善悪を線引きしようとしても、それを追求すれば他人にたいして過酷になってゆくしかない。とはいえ、結局、正義にしても善悪にしても客観的な尺度があるわけではなく、なにかを絶対の正義として主張するのは結局、自己中心主義だ。そのうえ、現実とは適度な正義と多少の不正があってはじめて成り立つものである。完全な正義や善しか認めないとするならば、その者の、いわば勝手な理想と現実とのギャップはけっして消えて無くならないのだから、倫理的実存はつねに絶望に陥るしかない。

そこで、倫理的実存もいつかは限界にいたる。そのときひとが達するのが、キルケゴールによれば「宗教的実存」である。

「宗教的実存」とは、かんたんに言えば、キリスト教的な「神」によって救われようという考えである。これは、ほとんどがキリスト教とは無縁であるわれわれにとっては、所詮理解の彼方にある考えだ。だが、キルケゴールという、もともと「教会（キルケ）」の「庭（ゴール）」という名前をもつ、一九世紀デンマークの思想家にとっては、やはり「神」が最終的な拠り所だった。

すなわち、「宗教的実存」とは、人間社会における他人や社会的価値、道徳的価値など一切とかかわることなく、ひとえに「神」との関係のみによって自分本来の静寂なあり方を達成しようという生き方だ。美的実存にとっては、新規な流行を追い求めることによって、流行を生み出し、あるいはそれをうらやむ他人との関係が、その存在の拠り所となる。また、倫理的実存は、糾弾されるべき悪や不正なくして、存在しえない。いずれにしてもじつは、他人なくしてその存在は成り立たないのである。ところが、それではやがて行き詰まるのであった。そこで「宗教的実存」は、徹頭徹尾、「ひとり」であろうとする。ただし、ひとりであろうとする意志がぶれないですむのは、「神」という現実世界を超越した存在との関係が必要だ、とキルケゴールは考えたのだった。

このような「宗教的実存」のあり方をキルケゴールは、また、「単独者」とよぶ。かれによれば、「現代」とは、何についても無感動で、妬みによって連帯する時代である。キルケゴールが生きた時代のデンマークは、近代化によって都市化がすすみ、新聞や雑誌などのマスコミジャーナリズムが隆盛を迎えた社会だった。現代日本にくらべれば、その程度もたかがしれているとはいえ、それ以前の農村社会から見れば、情報が氾濫し、ひとびとがそれに、いわば振り回され、感覚が鈍っている時代だった。そのなかで「大衆」は、マスコミによってその嗜好や思考が左右され、富める者や成功者への妬みややきもち、ニーチェの言う「ルサンティマン」によって徒党を組もうとする。このようなあり方をキルケゴールは「水平化」と呼んだのであった。

マスコミなどによって嗜好や思考が均質化した大衆が、水平化された存在である。水平化は、なんらそれぞれに突出したものがなく、まさに「横並び」で考え、発言するひとびとのあり方を意味する。そのような水平化に巻き込まれることなく、ひとり孤高のあり方をつらぬくのが「単独者」だ。

人間のあるべき姿を、宗教的実存というあり方における単独者とし、それを大衆の水平化されたあり方の対極におくキルケゴールの構図は、そのまま、自分の死を前にかけがえのない全体性を実現する本来的実存と、日常の頽落したあり方とを対比するハイデガーの構図に重なり合う。

とはいえ、キルケゴールとハイデガーとが完全に一致するわけではない。キルケゴールにおいて、宗教的実存というあり方が成立する上で決定的な役割を演じる、キリスト教的「神」という発想は、ハイデガーには見られない。それゆえ、キルケゴールにおいては、神と向き合うことによって、他人とは没交渉の単独者でありつづけることが可能であったのにたいして、ハイデガーの場合には、それぞれの現存在が、かりに日常の目的-手段-連関から目をそらして、自分の死へと先駆的に思いをはせたとしても、その本来的実存のあり方は長くは続かず、結局、そのつどの現存在において現存在は日常の交換可能な「ひと」のあり方へと頽落せざるをえないのであった。

（7）　無をまえにした不安

さて、これまでのところを整理しておこう。

日常においては道具連関の目的-手段-連関に没頭して我を忘れ、代理可能な「ひと」という非本来的なあり方をしているのが現存在であった。その現存在に、交換不可能なかけがえのないあり方を可能にするのが、自分自身の死への先駆的決意性である。そもそも、だれもが生まれたときから確実に死ぬ運命にある、死へと向かう存在であったのが現存在だ。自分自身の死を迎えることによって、現存在は、かけがえのない、みずからの存在の全体性を実現することができる。そのようなあり方が現存在の本来性である。ところが、現存在は通常、自分の死は忘却しており、それを直視しようとしない。そのような現存在に、その存在の深層を垣間見るきっかけをあたえるのが、沈黙の声としての良心であった。

このとき垣間見られた本来性の場における現存在は、ところがあらゆる局面で「無」に取り囲まれていた。過去においては、それが存在するにいたる根拠や理由は無い。現在においてはその本来のあり方では無い。将来においては、みずからの存在が無となる。こうして、無根拠、非本来性、非存在という、三つの「否定性」に取り囲まれた存在が現存在だ。そしてこのリストには、その存在に意味が無い、という、無意味を付け加えることもできる。

過去、現在、未来という時間の三つの局面すべてにおいて無に取り囲まれている、自分のあり方に気づき、自分を取り巻いている無に直面したときに現存在は、「不安」をおぼえるとハイデガーは言う。通常の目的‐手段的行為に「待った」をかけるのが良心だが、それは内面の声ではあっても、ただ今やろうとしていることに否定的な制止をかける沈黙の声だった。それは、三重の無という本来的現存在の反映であり、そのため、現存在に不安をおぼえさせる。

不安とは、一般には、人間にさまざまある感情のひとつとされている。人間は、怖れや哀しみ、悦び、楽しさ、あるいは簡単に喜怒哀楽とよばれる感情を、さまざまな機会に応じておぼえるが、不安もその一つと、通常はされている。

ところが、ハイデガーによれば、こうしたさまざまな感情にくらべ、不安にはひとつ大きな特色がある。

すなわち、喜怒哀楽その他の感情は、そのつど、ある程度明確な対象をもつが、不安はそうではないと言うのである。われわれは、子どもの成長によろこび、政治家の不正に怒り、サッカー日本代表の敗戦にかなしみ、順調に運んでいる仕事を楽しみ、わたしのことを憎んでいる相手を怖れる。

だが、不安にそのような明確な対象はない。われわれは、見知らぬ町を地図もなく歩くとき、順調に運んでいたはずの仕事の受注がある時期から減り始めたとき、幼い子どもが嫌な咳をしているとき、漠とした不安をおぼえる。だが、それはまさに「漠とした」感情であり、どこがどういけないのか、なにを怖れたり、どう対処したりすればいいのかわからない。そうであるがゆえに、それは怖れでも怒りでもなく、不安なのである。

ところで、現存在の本来のあり方を垣間見たとき、そこにあらわになるのは、過去、現在、未来という現存在をとりまくすべての局面が無であるということだった。現存在は無に取り囲まれている。そのときおぼえるのは、まさに対象がないときにわき起こる感情である不安にほかならない。

ハイデガーはまた、自分を取り巻く無をまえにした現存在の感情を「不気味さ（Unheimlichkeit）」とよんでいる。原語であるドイツ語は、「家」「居場所」を意味する「Heim」という語に、それを否定する接頭辞である「非（un-）」と、形容詞を名詞化する接尾辞の「-keit」がついた言葉だ。すなわち、「不気味さ（Unheimlichkeit）」とは、居場所をもたないこと、居たたまれないことを意味する。

現存在はその本来性において、過去、現在、未来すべてを無に取り囲まれている。だが、これは、どこかに足をつけている現存在の前後左右を無が取り囲んでいると言うことではない。現存在はその存在根拠が無く、本来のあり方を失っており、そしてやがてその存在そのものが無となることにおいて現存在たりえている。すなわち、現存在の足下に無が広がっているのであり、じっと立っている場所すらもたない。このようなあり方のことを、現存在の「無底性（Ungrund）」とよぶことができる。通常、われわれは人間でも建物でも、足をつけ、土台をおく大地が下から支えられ、それが、いまいる場所を支えていると考えている。そのようにわれわれの居場所を下から支えるものを「底」とよぶとすれば、現存在はその本来性の次元でみたとき、こうした底を一切もたないのである。居場所がない、というのはそのような意味であり、それゆえ、現存在は不気味な不安をおぼえずにはいられない。

こうした不安や不気味さは、一般には感情と言われた。だが、現存在の存在のあり方を物語る不安や不気味さを、感情という、人間心理をあらわす言葉で語るのは不適切とも言える。

ハイデガーは、不気味さや不安のことを「Befindlichkeit」とよんでいる。通常、「情態性」と訳されるこのドイツ語だが、もともとは「befinden」という動詞に由来する。この動詞は、「Ich befinde mich in Angst（わたしは不安のうちにある。＝わたしは不安をおぼえている。Ichは英語のIで、一人称単数のわたし、befindeは、befindenという動詞の一人称単数形、michは英語のmyselfで再帰動詞をあらわす、inは英語の前置詞inとおなじ、Angstは不安）」などといった仕方で用いられ、なにものかがどこかに、あるいはなんらかの状態に「ある」ことを意味している。しかも、「わたしは不安のうちにある＝わたしは不安をおぼえている」という例をよく見てみよう。ここでは、わたしが存在している不安という場所がしめされ、それと同時に、その場所にあるわたしが不安というあり方をしているとのべられている。「befinden」という動詞は、自分がどのような場所に、どのような状態であるのか、そのあり方をあらわす言葉なのである。すなわち、この言葉は、現存在のあり方を一語であらわしており、しかも、人間の感情という、ある意味では、そのひとの存在を根底から揺るがせかねない回路においてそれを示している。情態性という訳語は、この、感情が、人間存在のあり方、様態をあらわす事態を表現する。

3　実存主義と存在への問い

ここまでのハイデガーの考えを再度まとめるとつぎのようになる。

われわれは、たしかに気づいたときにはすでに現実に存在しているという意味で現存在だ。これをハイデガーは被投性とよぶ。

そのわれわれは、日常においては、目の前の業務や仕事、義務に没頭しており、それは目的–手段–連関に取り込まれているということである。目的–手段–連関は、すなわち道具連関であり、その総体をハイデガーは世界とよぶ。こうして、われわれ、すなわち現存在は世界–内–存在である。

だが、世界–内–存在は、取り替えのきく存在、かけがえのある存在である、それをわれわれ本来のありかというわけにはいかない。

だれにも代わってもらうことはできない現存在のあり方が実現されるのは、自分の死を前にしたときのことだ。そのような自分の死をあらかじめ覚悟したあり方をハイデガーは企投性とよんだのであった。

こうした現存在のあり方において重要なのは、被投性と企投性である。すなわち、現存在は、気づいたときにはすでに存在しており、その存在に理由も根拠もないという意味で被投的であり、また、将来のあり方に身を投じると言う意味で企投的である。とりわけ、その企投的なあり方を指して、ハイデガーは「実存（Exitenz）」と言った。というのも、

「実存」とは、「外にでる（Ex-）」ことによって「存在する」もの、すなわち「脱自」だったからだ。

こうしたハイデガーの考えを換骨奪胎してなったのがサルトルの実存主義である。だが、それはハイデガー本人が言うように、かれの意図をまったく取り違えた考えだった。とはいえ、サルトルの考えは、ある意味でありがちな誤解でもある。それを参照することによって、ハイデガーの考えはよりクリアになる。

（1）　サルトルの実存主義

サルトルの考えは、大略、つぎのようなものである。

第一章で述べたとおり、ヨーロッパにおいては伝統的に、すべての存在者を「本質」と「存在」という区別によってとらえていた。ペットボトルとは、「ポリエチレンテレフタラート製の容器」をその本質とし、そして、たとえばいま、本書を執筆中のわたしの机の上にはお茶のはいったペットボトルが「ある（存在する）」。このように、本質と存在を区別することは、どのような存在者についても可能だ。

一般に、存在と本質とを比較すれば、本質の方が先に決まっていることが多い。ペットボトルについては、はじめに、ポリエチレンテレフタラートをもちいた簡易容器をつくろうというアイディアや企画があってはじめて、工場で生産される。また、これはわれわれ日本に住む者には縁遠い考え方だが、ヨーロッパ人にとっては、ペットボトルのような工業製品の人工物だけではなく、山や太陽、イチョウやネコのような自然物についても、その存在に本質が先立つと考えられていた。キリスト教の教典である『旧約聖書』の冒頭「創世記」には、「神は、はじめに光をつくり、天と地をわけ、地には海と陸地をわけ、それぞれに動植物や昆虫をつくった。そして、最後に、地上や動植物の支配者として、自分に似た存在をつくり、アダムとエヴァと名付けた」といったことが記されている。ここで、神が天地や動植物、「最初の人間」をつくったとき、かれは行き当たりばったりにつくったのではなく、あらかじめ自分がどのようなものをつくるか、そのプランをたてた上でつくったはずだ。たとえば人間については、「地上を支配する、神自身の似姿」といったものであっただろう。このとき、『旧約聖書』もしくはそれを書いたユダヤ教徒の考えによれば、「神の似姿云々」が「人間の本質」であった。すなわち、人間についてもまた、あらかじめその本質が「神」の念頭にあり、そのあとでアダムとエヴァとして、それが存在することになったのである。おなじことは、人間以外の動植物や昆虫、天地、海と陸についても言える。キリスト教は、もちろん宗教だが、その影響下にあった古代から中世、近世、近代にいたるまでのヨーロッパ哲学において、本質が存在に先立つという考えに変わりはなかった。

ところが、サルトルによれば、こうした本質の存在にたいする先行は、個々人については成り立たない。各自は、たしかに「人間」という一般的な存在としては、その本質が定められているのかもしれない。だが、一郎や花子といった個々人が、どのような人物であり、その本質がどのようなものなのか、あらかじめ決まっているとは言えない。むしろ、個々人は、ハイデガーが言ったように、気づいたときにはつねにすでに存在しており、そして、自分の存在に気づいたとき、自分が何者であるのか、その本質が明らかであるとは限らないし、それどころか、明らかでない方がふつうである。本質に先立って、つねにすでに現実に存在している個々人のことを、サルトルは、ハイデガーにならって「実存」とよんだ。「実存は本質に先立つ」のである。

それでは、個々の実存の本質はどのようにして定まるのだろうか。サルトルによれば、それは各自の選択による。すなわち、一郎は、投手ではなく打者として一流になると自分で決めて努力し、大リーグをも代表する打者になった。花子は、コメディアンになると自分で決めて、テレビ番組に欠かせない存在になった。いずれにしても、各実存が何ものであるか、それを決めるのは当の本人である。そのように、みずからのあり方を決定する選択のことをサルトルは「実存的決断」とよぶ。

「実存的決断」は、自分の過去や現在とかかわりなく、自分の新たなあり方を目指すものでもあるため、それをサルトルはまた「投企」「企投」（projet）ともよぶ。

一方、各自は、自分のあり方を自分で決めるために、だれでも基本的に「自由」だ。ただし、なんの羅針盤も指針もない状態で、すべてが自分の選択にゆだねられるという状況はむしろ苦痛である。自由は、伝統的に、実現すべき理想、人間にとっては望ましい価値と考えられていたが、サルトルにおいては逆に、だれもが巻き込まれた事実であり、しかもけっしてありがたいものではない。サルトルは、「人間は自由でなくなる自由はない」「人間は自由の刑に処せられている」とすら述べるのだ。

（2） サルトルとハイデガー

サルトルとハイデガーとは、一見、似たようなことも述べているが、その全体の構図においては大いに異なることがわかる。

なるほど、サルトルは、われわれが、その本質を規定される以前に、つねにすでに現実に存在するという事実から出発し、それを実存とよんだ。ハイデガーにとってもまた、われわれは、気づいたときにはつねにすでに現実に存在しているもの、現存在、実存である。現存在が、理由や根拠なしに存在しているという被投性は、サルトルにおける本質の欠如とも相通じる洞察だ。一方、ハイデガーにとって、企投性が現存在や実存の欠くべからざる側面であるのと同じように、サルトルもまた、実存的決断による投企（企投）を強調する。「実存（Existenz）」には、現実存在しているということのほかに、「脱自」すなわち「自分の外へむかうことによって存在するもの」という意味が込められていたが、投企（企投）とは実存のこの脱自構造を言い換えたものにほかならない。こうして、根拠や理由、本質規定などがないまま、被投的に現実存在し、将来にむかって企投的に身を投じる存在として、各自をとらえるという点で、サルトルもハイデガーもかわらない。ところが、その内実をさらに詳しく見るなら、サルトルとハイデガーはまったく異なる事柄を念頭においていることがわかる。大きな相違点として二点をあげよう。

第一に、ハイデガーにおいて重要な役割を果たす「本来性／非本来性」という区別がサルトルには見られない。ハイデガーにおいては、つねにすでに現実存在しているという被投性と、将来にむけて身を投げるという企投性とは、日常生活という非本来性の次元においても、死へ向かう存在としての本来性の次元においても見られる実存の構造であった。本来性と非本来性という二層構造は、サルトルにはない。

非本来性と本来性の区別の欠如は、サルトルが、ハイデガーの根本的な問題意識を見落としているということを意味する。

第二にサルトルにとっては、実存というわれわれひとりひとりのあり方が問題だった。ヨーロッパにおいては伝統的に、キリスト教的な「神」に即して人間が把握され（「神の似姿」）、また、個々人にとっての生きる指針もその「神」からあたえられるべきものとされていた。ところが、それにたいして、サルトルの言う実存は、その本質すらも自分で決定すべきものである。この構造は、他の生物には見られず、人間だけのものだ。ここには、きわめて強烈な「人間主義」がある。じっさい、サルトルの哲学的著作のうち、もっとも広く読まれ、また実存主義の普及に貢献した著作のタイトルは、『実存主義はヒューマニズムである』となっていた。神の掟や国家の都合のためにだれかが犠牲になるのではなく、各個人の自由や生命こそが「地球よりも重い」とする人間主義はたしかに美しいものではある。ところが、この考えは裏を返せば、「人間」という至高の価値をたてたうえで、それ以外のものを認めない「人間中心主義」でもある。このことは、サルトルとは似て非なるものであるハイデガーの考えを見るとき明らかになる。

『存在と時間』におけるハイデガーは、現存在や実存の分析をおこない、現在公刊された『存在と時間』が、この現存在分析、実存分析のみからなっていることは事実である。だが、この書物におけるハイデガーの関心や問題意識は、われわれのあり方を分析すること自体にあったわけではなかった。本書第一章で述べたように、ハイデガーの関心は、およそ「存在するものすべてにとっての存在の意味」だった。「存在者の存在の意味」を明らかにするため、とりあえず分析の手がかりとしてハイデガーが選んだのが現存在であり、実存だったのだ。

そのため、ハイデガーの現存在分析においては、個々の現存在がその人生をどのように送っていくのか、何者になるのかといった、サルトル的な関心は問題になっていない。むしろ、その生涯の内容や質がどのようなものであろうと一切無関係に、すべての現存在を襲う運命である死、同じくすべての現存在に共通である、その存在の無根拠性、さらに、非本来性への頽落という、現存在のあり方、その存在構造が、ハイデガーにとっては問題になっていた。被投性や企投性は、人間がその生涯をどのように送っていくべきかという関心から導かれたものではなく、どのような生涯を送ろうとおかまいなしに各現存在を巻き込む、その存在の不気味さ、無底性をあらわにするための装置だった。サルトルにおける「投企（企投）」は、自分自身の存在の本質をみずから選び取る行為だったが、ハイデガーにおける企投性とは、自分自身の存在の無底性を直視することなのである。実存が「脱自」である点ではサルトル、ハイデガーに違いはないが、サルトルの実存が、現在の自分を超えて新たな自分へと脱け出るものだったのにたいして、ハイデガーの実存は、自分自身の存在を超えて、自分の存在を取り巻き、その足下を脅かす三重の無へと自分を開くことだった。

『存在と時間』における現存在分析、実存分析は、「存在者の存在の意味」への問いに答えるための準備にすぎなかった。じっさい、現在公刊されている『存在と時間』は、当初のハイデガーの予定によれば、全体の半分、前半部分にすぎなかった。かれとしては、そこに述べられている現存在分析、実存分析のあと、それを踏み台にして、存在者一般の存在の意味へと迫るつもりだったのである。

とはいえ、存在者一般の存在の意味を明らかにしようという、この課題は、当時のハイデガーが想定していた以上に困難なものだった。その後のハイデガーは、現存在や実存に拘泥することなく、手をかえ品をかえて、この問いに取り組んでゆく。それは、現存在に限定されることのない、存在者一般の存在を問題にするものであった。こうして、現存在に限定されることなく、存在一般への関心の転換を、ハイデガーの「転回（Kehre）」とよぶ。現存在にかわってハイデガーが次に注目したのは、芸術作品だった。

第四章　転回以後：存在の隠蔽

ハイデガーは、『芸術作品の起源』という小論において、絵画や建築のような芸術作品についての分析をおこなっている。

とはいえ、それは伝統的な美学の問題設定にしたがうものではない。美学や芸術学といわれる分野においては、芸術作品が「美しい」といわれるのはなぜか、そもそもなにが「美しい」とはどのようなことなのかが問題となる。ところが、これまで述べてきたように、ハイデガーにとってはなによりもまず、「存在者の存在」が問題だった。

だが、なぜ存在者の存在を明らかにするために、芸術作品に着目しなければならないのだろう。

1　物、道具、芸術作品

伝統的に、ヨーロッパにおいては、人間にとって価値あるものとして「真・善・美」という三つが挙げられていた。以前にも述べたように、「真」はわれわれの認識活動、「善」は実践的行為、「美」は芸術活動に、それぞれ対応する。デカルト以来の伝統的な近世近代ヨーロッパ哲学においては、ほぼ一貫して、この三つのうちの「真」、すなわち認識活動のメカニズムが問題になっていたが、それに対してハイデガーは、『存在と時間』において実践的活動に着目したのであった。そしていまやハイデガーは、それに代わって芸術作品に注目しようとする。だが、それはなぜなのだろう。

(1)　認識活動と物

ハイデガーによれば、存在者の存在について明らかにする上で、認識活動やその対象としての事物は手がかりにならないと考える。認識の対象としての事物とは、『存在と時間』

でいう「事物存在（Vorhandenes）」だ。すでにこの頃からハイデガーは、現存在分析をおこなう上で、「事物存在」ではなく「道具存在（Zuhandenes）」を分析の手がかりとしていた。転回後のハイデガーにとって、事物存在が手がかりとならないわけはふたつあった。

第一に、認識対象としての事物を規定するためにヨーロッパ哲学がつくりあげた概念は「本質」と「存在」だが、これはひそかに実践的活動をもとにしたモデルである。先に述べたように、ヨーロッパ哲学においては、壺やペットボトルのような人工物だけでなく、山や天体、イチョウやネコのような自然物にも、その本質と存在が区別され、しかもこの両者のうち、本質が存在に先行するものとされていた。そして、本質が存在に先行すると言われる際、念頭におかれていたのは、これも先に触れた『旧約聖書』「創世記」のエピソードにあったように、「神」による天地創造のストーリーだったのである。「神」は、自分の「似姿」を「創造」する際、泥でその形を作り、息を吹き込んで、人間アダムをつくったとされている。これは、いわば、壺職人が泥をこねて壺をつくるのと大差はない。本質が存在に先行すると言われるときに、そのモデルとなっていたのは、職人による道具の制作という場面なのである。それゆえ、存在者にかんする「本質／存在」というヨーロッパ哲学のモデルは、ひそかに、職人による道具制作という場面を念頭においてつくられている。ちなみに、この職人による道具制作という場面とは、『存在と時間』において現存在分析の主場面となっていた、道具連関にほかならない。職人は、まさにロクロや篦《へら》、粘土、窯といった道具を用いて、壺などをつくり、ここで、ロクロをはじめとする道具はひとつの道具連関を形成しているからだ。

存在者の存在を明らかにする上で、ハイデガーが認識活動やその対象としての事物を、ほとんど毛嫌いする、もうひとつの理由は、かれのデカルト批判にあった。

（2）デカルト批判再び

先に触れたように、デカルトは、疑いえないものを見いだすために、感覚的に知覚される事物すらも疑い、ひとまず、「われ思う、ゆえにわれあり（わたしは考えている。それゆえわたしは存在する）」ことの確実性に到達する。そのあとデカルトは、自分がその存在を確証しうるものは、やはり確実に存在するとして、一度はその存在を疑った事物についても、その存在を認めたのであった。こうして、ヨーロッパ哲学をながく支配する「主観／客観」図式が成立する。

ハイデガーが批判するのは、この「主観／客観」図式そのものであった（『世界像の時代』）。

デカルトのように考えたとき、確実な「わたし」と言われる主観もふくめ、すべてがわたしにとって確証可能なものとなる。わたし自身の存在は、わたしが自分で確証してえられたものだ。天体や山河、ネコや他人など、世界の中にあるすべての存在者もまた、わたしがそれをたしかに知覚したり、あるいは、その存在の証拠をえたりしたことによって、たしかに存在するものとして認められる。こうして、すべてはわたしの確証作業、確認作業の対象になってしまう。

このように対象となったもののことを、ハイデガーは「わたしの前に立ておかれたもの」とよぶ。その元のドイツ語は、「Vor-gestelltes」という。この語は、哲学用語で一般に用いられる「表象」を意味するドイツ語「Vorstellung」からきた造語だ。この「表象」という語は、もともと「vorstellen」という動詞からきており、この語は、なにかを思い描いたり、思い浮かべたり、なにかを見たり聞いたりすることを意味する。「表象」とは、わたしが思い描いたり、思いうかべたり、あるいは、何かを見たり聞いたりしたときに見えたり聞こえたりしている姿形のことだ。「vorstellen」というドイツ語の動詞を過去分詞形にすると「Vor-gestelltes」となる。思い描いたり、思い浮かべたり、あるいは見たり聞いたりした姿形とはすべて、イメージなり視覚像なりとして、その全体が、わたしの眼前にさらけだされているものである。

デカルトは、すべての存在者を、こうした、わたしの眼前にすべてをさらけだしたもの、すなわち「わたしの前にたておかれたもの」と見なしている、とハイデガーは批判する。なぜか。

すべての存在者がこうして「わたしの前に立ておかれたもの」となったとき、それぞれについて不可知な事柄はなにもない。われわれは、相手が人間だろうと自然だろうと、なにか自分にはうかがい知れないもの、自分にはおよそおよびえないものがあると感じれば、それをリスペクトし、あるいは場合によってそれを敬うだろう。だが、相手の底が知れたと感じたときには、いくらでもその相手にたいして残酷になる。デカルトが、知らず知らずのうちにではあっても切り開いたのは、こうした自然にたいする態度だった。

こうして、人間は世界における存在者や自然をいくらでも好きなように支配し、制御することができるものと考えるようになった。それはやがて、現在問題になっている自然の破壊にまでゆきつくだろう。それが、デカルトの哲学と同時に、その隆盛をはじめた科学技術の精神だった、とハイデガーは言うのである。

デカルトに発する、科学技術偏重、自然支配の精神は、逆に言えば、技術を武器にして自然を思うようにあやつる人間中心主義とも言える。先に述べたように、ハイデガーの言葉づかいを巧みに用いたサルトルの実存主義も人間中心主義だった。存在者の存在をあきらかにしようとするハイデガーは、人間中心主義に頑として抵抗する。

そして、このような文脈から見れば、『存在と時間』における現存在分析の道をハイデガーが後に放擲《ほうてき》した理由も見えてくる。なるほど、存在者の存在の意味をあきらかにするために、自分自身の存在を気にかけている存在、すなわち現存在を分析の糸口にするのは当を得たことかもしれない。だが、現存在を分析の糸口にするかぎり、あきらかになるのは、その現存在にとっての存在のありようでしかない。これは、結局、現存在を中心として存在を理解しようとする態度である。すなわち、『存在と時間』におけるハイデガーは、知らず知らずのうちに、現存在、つまりは主観そのものではなくとも、ほぼそれに近いものを中心にしてものをかんがえる、デカルト以来の主観／客観図式にはまっていた。そのようなやり方は、ハイデガーとしてはもはや、とりえない。

だが、それではどうしたらいいというのだろう。

（3） 芸術作品へ

ハイデガーとしては、とりあえず芸術作品を分析の糸口とする。なぜか。すでに述べたように、認識活動の対象としての事物存在は、存在者の存在を明らかにする役には立たない。なぜなら、そこに糸口を求めたとたんに人間中心主義にいたってしまう。また、それ以前に事物存在のあり方は「本質／存在」というモデルでとらえられており、それは道具を用いた実践的活動をひそかに模範としているからだった。こうして、『存在と時間』においてなされたように、人間の実践的活動、つまりは道具を用いてなにかをする道具連関の次元が再度浮上する。だが、『芸術作品の起源』におけるハイデガーは、道具連関もまた、存在のあり方をあきらかにする手がかりとしては不適切であるとする。なぜなら、道具を用いてなにかをしているとき、その連関は明らかにならないからだ。

すでに述べたように、道具を用いてなにかを行っているとき、その道具の存在は現存在にとって注意の対象とはならない。わたしが万年筆やパソコンに注意を向けるのは、それが不具合を生じたときであった。道具がうまく機能しているとき、その道具も、また、道具連関も現存在にとっては注意の対象にはならない。

とはいえ、認識活動の対象としての事物存在が存在のあり方を明らかにする役には立たないとわかっている以上、道具連関のあり方を手がかりにするしかない。それがじっさいに用いられているとき、そのあり方が注意の対象にならないとすれば、ほかにどのような回路が考えられるのだろう。その回路にあたるものが、ハイデガーにとっては芸術作品であった。だが、それでは、芸術作品からなにがわかるのだろう。

（4）世界と大地

ハイデガーが例としてあげるのは、ゴッホの『靴』という絵画である。それは、いかにも履き古した、貧しい労働者の靴を描いた作品だ。ところで、その作品を見た者は、そこに描かれている靴だけを見るわけではない、とハイデガーは言う。

靴についた泥を見れば、それをはいていたであろう農夫が歩いていたあぜ道や畑の情景がしのばれる。その靴がいかにもくたびれた様子であるのを見れば、靴ひとつを買うにも苦労する、農夫の生活の貧しさが伝わってくる。さらに、農夫の生活を思いやるなら、朝早く、夜明け前に農地へとむかい、一日中、過酷な労働に身を捧げ、夕刻に鳴り響く教会の鐘の音とともに家路にむかうかれらの生活が浮かんでくるだろう。

こうして、ゴッホの靴の絵においては、それを用いている農夫の世界や、かれが立っている大地が立ち上がっている。それは、その農夫が生きている道具連関にほかならない。先に述べたとおり、農業従事者にとって、畑や天候は、農産物を生むための「道具」にほかならず、朝夕に通う道や、始終はいている靴はまして、農業生産という道具連関の一環にほかならない。

こうした道具連関に、現場の農業従事者は巻き込まれ、そのつどの目的-手段-連関を生きるしかない。そこではこうした道具連関そのものは注意の対象にならないのである。

ところが、それがゴッホによって絵画に仕上げられ、美術館に展示されたとき、こうした道具連関とも、また、認識活動とも異なることがおこるとハイデガーは考える。

美術館でその絵を見ている者にとっては、今述べたような道具連関が、単に生きられるのではなく、それとして彷彿とされる。その点で、すでに芸術作品は、それがえがく道具連関とは異なる作用を、見ている者に及ぼす。

ゴッホ「靴」

だが、それは、まるで博物館における展示のように、ある時代の農夫の生活を対象化し、あるいは「目の前にたておく」ものではない。

なぜなら、ゴッホの作品を見た観客は、その絵が立ち上げる世界や大地に、知らず知らずのうちに引き込まれてしまうからである。ドイツの詩人で、ハイデガーも愛したライナー・マリア・リルケは、「美とは怖ろしきもののはじめ、美はわたしを巻き込んで遠くへと連れ去る」と謳った。絵画にしても、音楽にしても、およそ芸術作品は、そこにえがかれた世界へと、見る者を奪い去ってしまう。じっさい、ゴッホの靴の絵を見た観客に浮かぶ農夫の生活やそれを支える大地は、ゴッホの絵そのものには描かれていないのである。

ハイデガーの例とは別の絵画を考えてみよう。ベルエポックのパリの令嬢や奥方を描いたルノワールの絵画は、それを見る者を、楽しく美しい悦楽に満ちた豊かなパリの生活へと誘うが、その全貌がルノワールの作品に描かれているわけではない。にもかかわらず、それを見る者は、絵画に描かれている女性たちが生きている都会やレストラン、社交界を彷彿として、そこに引き込まれてしまう。

ゴッホの作品から立ち上がる農民の世界と、ルノアールの作品から立ち上がるパリの社交生活とでは、その雰囲気や暮らしのあり方において大違いだが、しかし、いずれにしてもその構造はかわらない。すなわち、どちらのケースにおいても、ひとびとのそれぞれの生活が営まれている世界があり、また、ひとびとが踏みしめている大地がある。

農夫の「世界」とは、早朝、畑にむかい、畑を耕し、雑草を刈り、種をまき、収穫し、夕方、帰宅して食事をとり、眠るといった行為の規則正しい繰り返しであり、また、それを可能にする安定した気候や平和な社会である。かれらがその場所に定住して畑を作るに到ったには、なんらかのいきさつ、すなわち「歴史」があったにちがいない。それは、はじめにその土地に到った、遠い先祖の、開拓者としての決意、「決断」によるのかもしれない。いずれにしても、その子孫であるかれらには、その土地で耕作することが、生まれ落ちたときからの「運命」となっている。

一方、パリのひとびとの「世界」とは、茶会や習い事やパーティ、観劇、商取引や銀行家としての融資などといった、農夫にくらべれば変化に富んだ毎日であり、またここでも災害や戦争のない安定した社会がそれを可能にしている。パリにおける華やかな生活が可能になったのは、フランス革命やナポレオン戦争など、過去の「歴史」をふまえてのことである。気苦労もなくピアノを弾いている少女の暮らしが可能になったのは、その祖父が銀行家になることを「決断」し、幸いそれに成功し、富裕な家に彼女が生まれたからである。これもまた彼女にとっては、自分で選ぶことのできない「運命」だ。

一方、大地についてみれば、農夫にあっては、朝夕、家と耕作地を往復する道にせよ、農作業のあいだにせよ、つねに踏みしめているのが大地である。パリの市民にとって、石畳におおわれた地面は、文字通りの大地から遠く離れているようにも見えるが、しかし舗装された道路や飾り立てられた建物の下には、やはり大地が眠っている。

こうして取り出された「世界」と「大地」が、存在者の存在を明らかにする手がかりとなる。

すなわち、ハイデガーによれば、世界とは、その質の如何にかかわらずひとびとの日々の暮らしや活動が可能になる場所であり、また、その生活を支える自然的社会的条件が整えられるための場所である。しかも、『存在と時間』におけるハイデガーが考えていたように、たんに道具連関や自然条件（道具としての自然）だけが、農夫や少女の生活、活動を可能にしているのではない。現在にいたるまでの「歴史」、祖先や本人の「決断」、本人の意志と無関係にひとびとの生活や活動を決定する「運命」もまた、重要な役割を果たす。

こうした総体としての「世界」があってはじめて、農夫や少女の生活や活動が繰り広げられ、またそこで用いられる道具やかれら自身が、かれら自身に目の当たりになり、またそれを描いた絵画を介して、その場には居合わせないわれわれもそれを見ることができる。そして、すでに述べたように、現場における道具連関の目的‐手段‐連関に没頭している、かれら農夫や少女よりも、絵画を見ているわれわれの方がそれをはるかにはっきりと見て取るのだ。こうして、世界は、われわれに、道具や活動、ひとびとを目に見えるものとするが、このように目に見えるようになっていることをハイデガーは、「現前」とか「開示」とよぶ。現前とは、農夫や少女の生活ぶりが、現に、われわれの目の前にあらわれている、といった意味であり、開示とは、それがどこかに隠されているのではなく、それを隠していた覆い、ヴェールを開いて、ありありと示す、といった意味だ。こうして、世界とは、とりあえず現前、開示の場であることになる。

　ところが、逆説的なことに、農夫や少女の生活や活動が現前、開示され、あるいはそもそもそれが可能となるためには、こうした現前、開示の機能だけでは不十分である。すなわち、その一切は大地のうえで営まれ、可能になっている。ところが、大地とは、けっしてそれ自体、開示され、現前するものではない。なるほど、ゴッホの絵画に見られる農夫は、その足で日々堅い大地を踏みしめている。だが、じっさいにかれらが目にすることができるのは、大地のごく表面の地面にすぎない。地面の下には、土や岩石の地層が眠っており、それが地面を支えている。ところが、地面の下にあって、それを支えている地層や岩石、つまり大地は、それ自体開示されたり、現前したりするものではない。むしろ、それが人々の目に見えるようになったとき、それは大地としての機能を果たしえなくなっている。すなわち、地震で地上に隆起したり、遺跡の発掘で掘り起こされたりした地層は、もはやなにかを支えることができないのである。こうして、大地とは、現前せず、開示されないことによって大地たりえている。大地は、とりあえず非現前の、隠蔽されたものである。

(5) 開示・現前と隠蔽・非現前の相互貫通

こうした現前と非現前、開示と隠蔽が絡み合うことにおいて、存在者は存在する、とハイデガーは考える。しかも、じつはこの現前と非現前、開示と隠蔽の絡み合いは、単純にそれぞれ世界と大地に対応するわけではない。

ここでハイデガーが例としてあげるのは、ギリシアの神殿だ。ちなみに、神殿もやはり、建築物として芸術作品のひとつである。

峨々たる岩山にそびえ立つ神殿の遺跡は、長年の風雪や戦乱に耐え、もはや容易には崩れそうにない安定感を見る者にあたえる。それがどうしてかといえば、神殿のたっている地盤が、砂とか泥などではなく、これまた長い年月にあらわれた岩山だからだ。そして、岩山とは大地である。われわれはなにもボーリング調査などをおこなったうえで、岩山の頑丈さを確かめたわけではない。それはあくまでも見る者の目には「かくれている」。だが、それは、そこにたつ神殿の安定感を醸し出すことにおいて、頑強な大地としての存在感をひとびとにあたえ、そのようなものとして「あらわれている」。こうして、大地とは、かくれることによってあらわれるものであり、これを非現前の現前、隠蔽の開示とでもよぶことができる。

このような構造は、たとえば竜安寺の石庭などでも密かに利用されている。石庭を埋める一五個の岩が、白砂利のうえに見せている姿はわずかな大きさにすぎない。だが、その本体は、姿を見せている部分の十倍にもおよぶ巨岩である。石庭の岩は、砂の下に巨大な本体を隠しており、だからこそそれは見る者に不思議な安らぎを感じさせる。

一方、神殿にも、それが立ち上げる世界がある。今となっては遺跡として、観光客の好奇の目にさらされるだけの神殿だが、それを訪れる者には、神殿が神殿として機能していた古代の世界が彷彿する。そこでは、神官や巫女が祭儀をおこない、信心深いひとびとや、場合によっては国王などが神に詣でるために通っていただろう。年に何回かの祭式には、いつにもまして多くの信徒があらわれ、その日は周辺の町村は仕事を休む祝日になっていたにちがいない。これは、ゴッホの靴から立ち上がる農夫の生活や、ルノアールの絵から垣間見えるパリの生活とおなじく、ひとびとの生活や活動であり、その背景には、それを可能にした決断や歴史、運命がひそんでいる。

とはいえ、こうしてその神殿が、周辺住民やあるいは遠い土地から訪れる信徒にとって神殿として崇められ、神殿としての機能を果たしているのは、その中に「神体」があるからである。神殿の中央部にふかく蔵された祠には神が訪れ、宿る。ところが、この祠や、ましてその内部をのぞくことは一般信徒にも神官や巫女にもゆるされない。祠の内部は厳重に隠されており、だからこそ、祠を蔵した神殿は、神の居場所としての神殿として人々の目に立ち現れ、ひとびとの生活や行動の中心となることができる。世界は、たしかに開示、現前するものだが、そのなかにも隠蔽、非現前がひそんでおり、だからこそ世界は立ち現れることができる。

パルテノン神殿

こうして、大地とは、かくれることによってあらわれる非現前の現前、隠蔽の開示であり、世界とは、あらわれることのうちに隠蔽を潜ませる、現前の非在、隠蔽による開示である。そもそも、すでに何度も述べたように、芸術作品が立ち上げる世界に生きている農夫や少女、神官などにとって、それぞれの道具連関や歴史、決断、運命とは、それが機能しているときには現前しないものだった。それを生きている者にとって、世界とはそもそも非現前であり、隠蔽されたものである。

こうした構造をあらわにするのが芸術作品だ。非現前と現前、隠蔽と開示が絡み合い、非現前・隠蔽において現前・開示が、現前・開示のなかに非現前・隠蔽が潜んでいる。こうした隠蔽・非現前と開示・現前とが絡み合い、貫きあうところに生まれるのが、各存在者の存在だ。隠蔽・非現前と開示・現前との交錯、相互貫通において、各存在者が存在するという出来事が生じ、起こる。こうした事態をハイデガーは「生起（Ereignis）」とよび、それを存在の「真理」とする。

（6）　存在の真理

『存在と時間』においてハイデガーが問題にしていたのは、「存在者の存在の意味」であった。同書において、ハイデガーの分析は、結局、存在者といっても現存在、実存にしかおよばなかった。だが、それにしてもかれの探求、思索のターゲットが「存在の意味」であったことに変わりない。ところが、「転回」以降のハイデガーは、「存在の意味」よりも、「存在の真理」という言い方を、探求、思索のターゲットをいいあらわす言葉として好むようになる。これはどのようなことなのだろう。

「真理」にかんして、伝統的哲学はおおむね、「事実と考え（発言）との一致」という考え方をとっていた。雨が降っているときに「雨だ」といえば、その発言は正しいが、「晴れている」といえば、それは間違いである。

これにたいしてハイデガーの真理観は独特だ。『存在と時間』におけるハイデガーは、真理とは、存在もしくは存在者がその真の姿を現すこと、と述べた。かれによれば、もともとギリシア語で真理をあらわす言葉は「アレーテイア」というが、この語は、「隠している（レーテイア）」ものを「とりさる（ア）」ことを意味する。たとえば、霧の中でよく見えなかった山岳が、霧が晴れてその姿を見せるのが「アレーテイア」である。一般に、通常はなんらかの覆いやヴェールに隠されているものの、その覆いやヴェールを取り去って、そのものの真相を明らかにするのがアレーテイアだ。

哲学は学問である以上、真理を求める。そして、物理学や天文学、社会学など、通常の学問においては「事実と考えの一致」という真理観がとられるだろう。だが、「存在者の存在」を問う、ハイデガーの営みは通常の学問とは異なり、それがなおざりにしてきたものを問題にしている。そこでは、通常の真理観は不適切であり、アレーテイアという独特の真理を求めなければならない。なぜなら、通常の学問、あるいはとりわけデカルトなどに代表される通常の哲学は、存在者の存在ではなく、存在者の性質や本質、法則などを問題にしていた。存在者の存在を忘れ、存在者しか問題にしてこなかった通常の学問や哲学は、いわば、存在者の存在を見る目を曇らせる覆い、ヴェールでしかない、とハイデガーは考えるのである。本書でも再三ふれてきた、デカルトにたいするハイデガーの執拗な批判は、存在を見る目を覆うヴェールを取り去る作業の一部だ。

ところで、『存在と時間』における、この言い方では、なんらかの覆いやヴェールを取

り去れば、即座に真理が実現するかのように述べられている。『芸術作品の起源』におけ
る言い方では、隠蔽されていたものを一度開示すれば、それが真理だ、ということにな
る。ところが同書において明らかになったのは、より複雑な事態だ。すなわち、存在の真
理は、それを覆う一枚のヴェールを取り去れば、その一回で実現するものではない。隠蔽
（非現前）と開示（現前）とは、まず、第一に、それぞれ別個に成り立つものではなく、
それ自体が相互に貫通しあっている。しかも第二に、なにものかが存在しているあいだ、
この隠蔽と開示の相互浸透、相互貫通はけっしてやむことも、終わることもない。すなわ
ち、存在の真理とは、隠蔽と開示が相互貫通したダイナミックなプロセスであり、これを
ハイデガーは生起とよぶのであった。

とはいえ、このやり方でも、結局、存在そのものに肉薄することはできないと、やがて
ハイデガーは考える。だが、それはなぜだろう。

2　存在に聴き従うこと

『存在と時間』においてハイデガーが提示した真理観とは、「アレーテイア」、すなわち、

なにかが覆っているそのヴェールを外して、事柄の真相があらわれることであった。ハイデガーの探求、思索においては、存在者の存在の真相をあらわにするため、それを覆っているヴェールを外すことが課題となる。そのヴェールとは、当面、デカルトに代表されるような伝統的ヨーロッパ哲学であり、ある時期以降のハイデガーは、カントやライプニッツ、ニーチェなど、伝統的なヨーロッパ哲学がいかに存在を隠蔽していたかを暴き、そのヴェールを外す、哲学史の「解体」に従事する。

だが、その一方で、じつはこのヨーロッパ哲学の伝統にどっぷり浸かっていたのが、ハイデガー自身でもあった。ヨーロッパ中世の哲学者ドゥンス・スコトゥスの研究からスタートしたハイデガーは、その師であったエドモント・フッサールとはちがって、ヨーロッパ哲学史に通暁し、第一級の哲学史家でもあったのだ。それゆえ、アレーテイアをめざして伝統的ヨーロッパ哲学のヴェールを取り除く作業は、じつはハイデガー自身の目にへばりついたウロコを取り除いていく作業でもあった。それは、具体的には、ハイデガーがくりかえし批判するデカルトの桎梏に、かれ自身が気づき、それを取り除いていく作業であった。

そのことが明らかになるのは、その後のハイデガーの歩みを見たときである。

（1）デカルトと人間中心主義

ハイデガーがひそかにとらわれていたデカルト的桎梏は、大きく二つある。ひとつは、存在者の存在に肉薄するためには、それを「明らかに」しなければならないという思いこみ、もうひとつは、その際に、「視覚」をモデルにしたことであった。

そして、これはいずれもデカルト以来の、あるいはプラトン以来のヨーロッパ哲学の枠組みだった。プラトンは、存在者すべての根拠として「イデア」というものがあると主張したが、この「イデア」とは、「見る」という意味のギリシア語「イデイン」の受身形である。デカルトにおいてもまた、視覚は認識の典型であった。かれは、自然の事物などの本質は、それが「拡がりをもっていること」、すなわち、長さや重さなど計測可能であることであるとした。ものの長さは、定規を当てれば計測できる。その際、臭いや手触り、味、音など、嗅覚、触覚、味覚、聴覚にかかわる性質は、ものの本質とは関わらないものとされたのである。

デカルトはまた、すべての存在を疑い、最後にようやく、疑っているわたし自身の存在は疑いえないものとしたあと、自然の事物その他がやはり存在していることを認めるが、それは、これら事物をわたしがはっきりと認識しえたときだとしたのだった。ここには、その性質や存在の証拠を明らかにできたものだけを認めるという態度がある。

もちろん、ハイデガーは、すでに述べたように、こうしたデカルトのやり方を、存在者やその存在のすべてを「わたしの前に立ておかれたもの（Vor-gestelltes）」と見なす態度であり、それは自然を制御し、支配しうる「対象」としかみなさない人間中心主義であるとして批判した。

ところが、『存在と時間』におけるハイデガーは、存在者一般の存在の意味を明らかにするために、われわれ自身のあり方を手がかりとし、現存在分析、実存分析に着手した。それはひそかな人間中心主義だ。

また、その途中においても、日常における現存在が道具連関を生きているとき、その道具連関に目配り（「配視」）していることが強調された。これは言うまでもなく、視覚的な比喩だ。

しかも、本来的なあり方の真相として明らかにされたのは、自分の足下が過去、現在、将来のすべてにわたって無に取り囲まれているという、現存在にとっての存在の意味だった。こうした現存在の真相は、無をまえにした不安としてあらわになる。不安はたしかに、確たる対象をもたない気分、情態性ではあったが、無を前にしている、という意味ではハイデガーがしきりに批判したデカルト的な「わたしの前にあるもの」に違いはない。

一方、『芸術作品の起源』において分析の手がかりは、現存在から芸術作品に移行した。芸術作品から立ち上がる世界と大地からは、開示（現前）と隠蔽（非現前）の相互貫通という存在の真理が見て取れる。けれども、それは芸術作品を見ている者にとって見えてくるものであり、そもそも、ハイデガーが、認識対象としての事物存在でも、『存在と時間』におけるような道具存在でもなく、芸術作品に注目したのは、そこにおいては、ふだんは単に生きられており、注意の対象とならない道具連関やそれを取り巻く歴史、決断、運命といった世界、またそれを支える大地があらわになるからなのであった。ここではやはり、開示（現前）と隠蔽（非現前）の相互貫通をあらわにするということが問題になっている。しかも、そもそもそこであきらかになることも、開示、現前という、視覚的な比喩、すなわち、芸術作品をまえにした者にとってなにが「見えるか」ということが問題になっていたのであった。

ちなみに、ハイデガーは、存在の真理が明らかになることを「ひらけ（Lichtung）」という言葉でも表している。もとのドイツ語は「光（Licht）」からきた言葉だ。ハイデガーの生まれ故郷であるメスキルヒは、ドイツ南方の「黒い森（シュヴァルツヴァルト）」とよばれる地域だった。深い森に覆われたこの地方では、森を歩いてきてふと木立がとぎれ、太陽の日がさすところを「ひらけ」とよんだ。何の気なしに暗い森を歩んできたときになにかがあきらかになる貴重な瞬間をさす言葉だ。だが、それにしてもそれは、光という視覚的な比喩や、明らかになるという認識への欲求を反映している。

（2）存在の贈与

これにたいして、ある時期以降のハイデガーは、聴覚的比喩をもちいるようになる。すなわち、われわれ人間には、存在の声を聞き取り、それに従うしかないと、ハイデガーは言う。これはなにを意味するのだろう。

視覚にくらべて聴覚は、それを聞く者にとってはるかに近しい感覚である。耳元で聞こえる声は、わたしのすぐそばでささやかれている。コンサートホールで聞くオーケストラの響きは、客席に座っているわたしを取り囲んでいる空気の震動であり、遠い舞台からやっと届くものではない。なにかの響きや反響は、空間全体を満たすものだ。ドイツ神秘思想を代表するヤコブ・ベーメは、神による世界創造の一階梯として、言葉の響きがどこまでも遠く広がることを挙げた。声や、それによる言葉は、出所は一ケ所であっても、遠くにまで達し、あるいは空間を満たす。しかも、その声や言葉の出所がはっきり特定されなくても、その響きは遠くにまでおよび、耳を澄ませる者には聞こえるのである。

ハイデガーにとって、存在とは、この声や響きのようなものだった。視覚というものは、じつはわたしの方から見ようとする意志に従うものだ。見たくないものは見えず、それどころか、何も見たくなければ目をつぶればいい。けれども、われわれは耳をつぶることはできない。なにかが聞こえるとき、それは、そのなにかが声や音を発するときでしかない。

そのように、存在とは、なにとも知れぬものから送られてくる声のようなものだ、とハイデガーは言う。ドイツ語で「なにかがある」ということを「Es gibt」という。Esとは、英語のitにあたり、非人称の代名詞だ。それはなにも指さない。Gibtとは、「あたえる」という意味の動詞gebenの三人称単数形だ。「なにかがある」ということ、すなわち存在とは、どこからともなく送られてくるもの、与えられてくることなのだ。

とはいえ、それをデカルトのように対象化しようとすれば、存在は、対象化しようとするその手をつねにすりぬける。それを言語化することすらも、じつは、ダイナミックなプロセスである存在を一ケ所に固定しようとすることでしかない。そのためハイデガーは、「存在」という言葉を使うことすら、最後には断念し、「存在」に×印をつけた記号を用いるようになる。存在とは、それを対象化し、明らかにしようとすればするほど、その手を逃れていく。

だが、それでは、存在とは、なにかそれを問題にしているわれわれにとって、縁遠いもの、まるで別世界のものなのであろうか。

ここで、天体のことを考えてみよう。いまや都会では縁遠い話しだが、条件のいいところで夜空を見れば、銀河が見える。英語でミルキー・ウェイと言うように、オリオン座や白鳥座のような星座を横切る、光の道だ。それは、一見、遠くにあって、滅多に見られない天文学的事象にみえる。だが、よくよく考えれば、アンドロメダ星雲のような遠い星雲とはちがって、銀河はまさに、われわれの太陽系が属している星雲であり、したがって、その太陽系に属している地球も、その大地も、大地のうえに展開される世界も、そして、われわれ自身もまた銀河に属している。遠いと思っていた銀河とは、じつはわれわれ自身を取り巻くものであり、われわれもその一部なのである（古東哲明）。

ハイデガーが終始、問題にしていた存在もまた、銀河と同様である。それは一見、遠くにあるように思える。だが、じつはそれはわれわれを取り巻いており、われわれ自身でもあり、したがってわれわれにもっとも近しいものなのである。

思えば、『存在と時間』において存在の意味とされた無は、わたしを包み、わたしの足下を脅かしていた。『芸術作品の起源』においても、隠蔽（非現前）と開示（現前）の相互貫通としての存在に、それをあきらかにする芸術作品をみるわれわれは巻き込まれていたのだった。

コンサートホールでオーケストラの響きがわたしを包むように、存在はわたしを包んでいる。それに少しでも忠実であろうとすれば、それを聞くしかない。

ハイデガーによれば、そのように、われわれに存在を贈り、われわれを包み込み、足下を支える存在に耳を澄まし、こうして存在の「開示性」に身をゆだねることこそ、人間の尊厳である。それは、デカルトやサルトルのように、存在を隠蔽し、存在者を支配し、自分自身の存在のあり方にすべてを賭けるような人間中心主義とは異なる、存在に贈られた人間の尊厳なのだ。

（3）　おわりに

ハイデガーはとらえどころのない哲学者だ。『存在と時間』において、デカルト以来の、認識中心の人間観にかわって、行為中心の人間観をしっかりとえがき、死に向かう存在としての人間の基本的なあり方をあからさまにした。それは、いかにも人間の基本を示した哲学と見える。だが、かれのほんとうの関心は、人間のあり方や生き方を示す点にあったのではなく、その人間をも巻き込む存在のあり方を示す点にあった。ところが、それを明らかにしようにも、伝統的哲学にその役に立つ言葉も考え方もなく、また、考えれば考えるほど、存在を明らかにするという課題そのものに、ある種の矛盾が潜んでいるのであった。なぜなら、言葉や表象によって、存在を明らかにしようとすればするほど、存在は、その手を逃れていくからだ。

とはいえ、われわれを取り巻くさまざまな存在者が存在していることは事実だし、また、われわれ自身もまた存在している。それは、われわれにとって最も近いものでありながら、それを明らかにしようとすれば、もっとも遠いものとなる。この隔靴掻痒《かっかそうよう》感は、耐え難いものでありながら、さらなる思索を促すものでもある。その結果、伝統的ヨーロッパ哲学の限界も明らかになるだろう。だが、結局、それは、存在の声に耳を傾けることという、ある意味、仏教的な修行にも似た態度をひとに求めることになる。こうした、容易に解決しえない、しかし、身近といえばこれほど身近なこともない課題を突きつけたという意味で、ハイデガーは、現代において強力な求心力をもつのである。

あとがき

なにかが「ある」というのは、これほど当たり前のことはないかもしれない。だが、それがどういうことなのかと考えはじめると、これほどよくわからないことはない。

「なにかがあるとはどういうことか」という問いに、ふつうは、その存在理由や、それが存在すると見なしうる証拠によって答える。「東京タワーは関東一円にテレビ電波を届けるために存在する」「青いリトマス試験紙が赤になったのだから、この容器には酸性の液体がはいっている」といった具合だ。だが、ハイデガーが言うように薔薇の花は、その理由とも証拠とも無関係に咲いている。それどころか、われわれ自身の存在にもまた理由や証拠は必要ない。それではは存在とはいったいどういうことなのか、それを明らかにしようとしたのがハイデガーの生涯だった。

本書を読んでもしハイデガーの著作に関心をもたれた場合、中公クラシックス『存在と時間』（原佑、渡邊二郎訳）、そして『ヒューマニズムについて』（渡邊二郎訳、ちくま学芸文庫）をまずお勧めする。

写真提供
扉、109頁：amanaimages
117頁：杉山好男

貫 成人（ぬき・しげと） 現在、専修大学文学部教授。一九五六年、神奈川県に生まれる。一九八五年、東京大学大学院人文科学研究科博士課程単位取得退学。博士（文学）。現象学をはじめとする現代哲学、歴史理論、舞踊美学を研究。著書に『図解雑学　哲学』（ナツメ社）、『哲学マップ』（ちくま新書）、『哲学ワンダーランド』（ＰＨＰ）、『経験の構造：フッサール現象学の新しい全体像』（勁草書房）、『哲学で何をするのか』（筑摩書房）がある。

入門・哲学者シリーズ４

ハイデガー

――すべてのものに贈られること：存在論

2007年11月25日　第１刷発行
2024年10月10日　第３刷発行

著者　貫 成人
発行者　辻一三
発行所　株式会社青灯社

東京都新宿区新宿１－４－13
郵便番号160-0022
電話03-5368-6923（編集）
　　03-5368-6550（販売）
URL http://www.seitosha-p.co.jp
振替　00120-8-260856

印刷・製本　モリモト印刷株式会社

ISBN978-4-86228-018-3 C1010

小社ロゴは、田中恭吉「ろうそく」（和歌山県立近代美術館所蔵）をもとに、菊地信義氏が作成

「入門・哲学者シリーズ」（全19冊）
＊印著者=貫 成人

デカルト　絶対確実なもの：コギト
ホッブズ　欲望と国家：リヴァイアサン
スピノザ　すがすがしい従属：永遠の相のもとに
カント＊　わたしはなにを望みうるのか：批判哲学
ヘーゲル　近代精神の完成：絶対精神
マルクス　人間の条件：唯物史観
ニーチェ＊　すべてを思い切るために：力への意志
フッサール　生きられた現実：現象学
ハイデガー＊　すべてのものに贈られること：存在論
ウィトゲンシュタイン　意味から自由であること：言語ゲーム
サルトル　わたしである自由：実存主義
メルロ＝ポンティ　世界の手触り：身体的実存
レヴィナス　わたしはいつ脅かされるか：他者の顔
ラカン　自我の構造：構造主義的精神分析
フーコー＊　主体という夢：生の権力
デリダ　西洋哲学という不可能：脱構築
ドゥルーズ　現代社会の深層：生産する欲望
ボードリヤール　作られる欲望：シミュラークル
ネグリ＆ハート　グローバリゼーションとはなにか：帝国

（＊印は既刊、未刊のサブタイトルは仮題）